天下文化

BELIEVE IN READING

每一天都是愛的練習

莊宏達和瑪利亞基金會的生命實踐

李嘉人 著

目錄

人並非獨立存在，
進入我們生命的每一件事、每一個人，
都是我們生命的一部分，也是我們的責任。
即使許多人只是進入又離開，
在每個交會的機遇中，仍然應該善待他們，
讓他們擁有真善美的情境。

——莊宏達

序

主愛的人在世享平安

陳建仁・中央研究院院士

內人和我剛剛結束訪問波蘭和立陶宛的行程，還在回國檢疫期間，就收到瑪利亞社會福利基金會鍾雲如董事送來的《每一天都是愛的練習：莊宏達和瑪利亞基金會的生命實踐》這本好書的初稿。本書敘述天主教聖墓騎士莊宏達醫師創辦瑪利亞基金會的始末，內容精采動人，文筆流暢優美，令人愛不忍釋，讓讀者跟隨著一位悲天憫人的小兒科醫師的引導，邁向克服萬難為障礙兒童奮鬥不懈的「信望愛旅程」。這是一本愛的故事、一本充滿恩典與奇蹟的故事。

本書的主角莊醫師，看到障礙兒童無法得到適當的醫療與教育，感受到父母孤軍奮鬥的辛苦，在社會各界及政府的協助下，於一九八八年成立瑪利亞基金會，組成全國社福組織最大醫療復健團隊，提供障礙者醫療復健、教育、職業訓練及就業輔導，更深入全國兩千多所小學進行生命教育，是台灣極少數能為極弱小與極重度障礙兒童提供專業療育的社會福利組織。該會的宗旨是「服務生命是一件快樂的事」。莊醫師是愛與專業的天使，他正如德蕾莎修女說的：「愛，是在別人的需要上看見自己的責任。」

我記得在二〇一五年十二月二十三日參加瑪利亞基金會舉辦的「愛的魔法盒——小學生公益行動」，擔任愛心躲避球的裁判長。基金會鼓勵每一位小朋友都能種植澆灌一顆「愛心的種子」，讓它發芽茁壯結出好果實。當時，我告訴小朋友們：「再過兩天，我們就要慶祝聖誕節，耶穌基督要我們彼此相愛，我們不是要贏過別人、超越別人，而是要把愛分享給別人，這才是生命的真諦。」

二〇一八年六月十四日，我參加瑪利亞基金會舉辦的「Hero Talks——小學生公益行動教育論壇」，邀請到蚊帳大使凱瑟琳·柯邁爾（Katherine Commale）和她的母親琳達·柯邁爾（Lynda Commale），一起發表「拯救世界，從小開始」的專題演講，分享她從五歲開始募集蚊帳送往非洲，幫助非洲兒童免於瘧蚊叮咬的故事，以及十二年來從事公益的心路歷程。凱瑟琳強調，「善的力量，會像雪球一樣，愈滾愈大。」她到處宣揚行善的理念，就是希望發揮蝴蝶效應，即使是小小的力量，也可能改變世界。

二〇一九年六月十三日，我到台中參加瑪利亞基金會「極重多障服務大樓」的動土典禮，代表政府表達對基金會的高度肯定與感謝，他們秉持愛主愛人的精神，長期熱心服務社會，照護弱小殘障者，實踐耶穌所教導的：「凡你們對我這些最小弟兄中的一個所做的，就是對我做的。」（瑪二五：四〇）三十多年來，莊醫師帶領瑪利亞基金會，落實身心障礙者就養、就醫、就學、就業四大面向的照顧幫助障礙者，他們走的是醫者之路、仁愛之路、成聖之路。

感謝讚美天主，賜給台灣莊醫師和瑪利亞基金會，以永不止息的愛德、堅強旺盛的信德、全心靠主的望德，不斷嘉惠殘障者，使天主所愛的每一個人，都生活在健康、平安、喜樂的幸福裡。希望讀者們也都能見賢思齊、一起行善，讓台灣社會充滿正能量、善實力，讓弱勢者、身障者都能綻放美麗生命的光彩。

序

用愛，實踐生命的價值

莊宏達・瑪利亞社會福利基金會董事長

人生走過四分之三世紀，經歷了不少親友的生離死別，更在近五十年的從醫經驗中，在產房、嬰兒室裡目睹生命的誕生，體驗到生命無比的堅強活力；但也在加護病房內，看到生命因無奈的脆弱而消逝。

一次又一次的生死震撼經驗，激盪起心靈的波瀾，讓人不能不去思考：從生到死之間，生命有什麼意義？活著又有何價值？

四十年來，個人介入身心障礙者療育領域，在陪伴身心障礙者的歷程中，看到許多人都會出於惻隱之心，主動為他們提供協助。這種真誠的支持，彼此互通有無的愛心行動，呈現了人性的善良、人際間愛的互動，猶如生命的呼吸。讓我體驗到：原來愛就是生命的意義。

這個體驗，見證了《聖經》的啟示：人的生命本質就是愛，因為生命來自於愛的造物主——天主。所以，生活中若沒有愛，生命的存在就沒有意義。耶穌在《聖經·新約》中也一再強調：圓滿的生命之道，就是愛。

因此，生命的價值，就在於你為愛付出了多少。

耶穌向祂的門徒提出了「全然捨命」，做為愛的標準。祂自願為救贖人類，在十字架上捨命犧牲，以做為愛的典範。故生命的價值標準在於愛的全然付出，一種無私無我，盡力而為，為別人實踐真善美的生活態度。就如，許多身心障礙者真誠無偽的工作態度，他們生命的價值，就遠超過那些摻假、僥倖、投機取巧的人。

生命的價值，既然在於以愛來成就別人，愛，就當跨出自我中心的藩籬進入人群。因著愛，生命能與別人的生命共融而增長。當有限的人生終結時，生命也將藉由曾經經營的點滴小愛，注入永恆天主的大愛中，而有了圓滿的歸宿。

在以經濟掛帥的現今社會，先賢的「尊處虛無」、「富貴如雲」、「諸相皆空」，會是空談嗎？

人所擁有的身外之物，原是為人身所用；人身則為心靈所役使，心靈則為成就愛來完成生命的意義。人生所擁有的一切，只有在成就愛時才能呈現出它們的價值。因此，每一天，人都有使命去啟動身體，使用資源和機會，在所處的境遇中努力實踐愛，以完成自己生命的意義與價值。

的確，每一天都應是愛的演練與實踐。

謹以此與讀者們共勉之。

01

楔子

愛可以成為一種生活方式？

這一天，原本如同往常。

晨光從八卦山山頂漫開，掠過潺潺的大肚溪，拂過一畦又一畦的農田，喚醒沉睡的彰化小鎮。趕上班的人，提著公事包出門了；上學的孩子，一路嘻嘻鬧鬧；商家紛紛打開店門，左鄰右舍互相道早，街上喧鬧起來。

「莊內兒科」的鐵門，嘩的一聲拉起。一位年輕人走了出來。

他是莊宏達醫師，三十歲出頭，劍眉肅臉，不好處理的濃密鬈髮修得整齊俐落。固定好鐵門，他轉身進去，不太和鄰人閒話。

診所八點開始看診，許多人趁著上班前或去市場時來看病。莊宏達穿著筆挺上衣、打著領帶，凝神坐在潔淨的診療室裡，頗有威嚴。

不過，小病人喜歡這位年輕醫師。這位醫師叔叔神情溫和，放壓舌板的動作又輕又迅速，不會讓喉嚨難過，而且不會老是打針，藥也不苦，有時候他還會說：「等一下讓媽媽帶你去買冰淇淋。」

這些印象，並非孩童的天真感覺。

藥的確不苦。莊宏達認為，藥要能發揮作用，首先是孩子願意吃。因此，診所進來的每一種藥，他都先嘗過。苦的，孩子不容易接受，就加入些許藥用糖粉來調合；已經做成糖錠、糖漿的，則維持原樣。

至於吃冰淇淋，也不是哄孩子。喉嚨發炎常伴隨食不下嚥，冰淇淋和布丁既可以冷敷、止痛、降溫又補充養分，兼具多重功效，因此是莊宏達手中的「良藥」。

「不必打針嗎？」常有媽媽心急地問。四十多年前，社會普遍相信針劑是特效藥。

「不需要，」醫師搖頭。

看著孩子稚嫩的身體、畏怯的眼神，莊宏達不忍心讓他們感到恐懼。另一方面，則是因為他對病理與藥效的掌握。

他仔細向家長解釋，打針可以很快鎮咳，但是藥效一過又會咳不停，他所開的藥劑，則會讓孩子擴張氣管咳出痰來，咳嗽現象就隨之減輕。咳嗽是身體排除氣管痰液的正常反應，因此，真正治療咳嗽應該排痰，不是鎮咳。

讓大人更驚奇的是，這位年輕醫師除了治療見解有些獨特，似乎還懂十八般武藝：用西醫診治、開中藥，遇到中風病人和肢障孩子，則為他們針灸，再教他們怎麼按摩、運動……

⁂

這一天，對莊宏達來說，原本極度平常，平常到如他開業的每一天，平常到他已經記不清那是開業後的哪年哪月。

直到一個挑擔阿婆牽著小孫子，踏進他的診所，這一天，成了非比尋常的一天。

一開始，莊宏達沒注意到什麼。在診間裡，他如往常般專注，聽阿嬤描述孫子的症狀，量體溫、聽心音、看喉嚨……，腦中開始思考什麼藥最適症。

半晌之後，莊宏達才看到，阿婆的腳旁放著一簍菜。

在鄉下，自己種地賣菜很常見。一向心無旁騖的醫師，卻突然感到好奇：「妳一把菜賣多少錢？」

「兩元！」阿婆抬起擔子，爽快地說。

單純的兩個字，卻如堅硬的石子擲向平靜湖面，莊宏達的腦海迸出一個驚疑：我看診再開兩天藥，要收一百元，她得賣掉多少菜？

「好可憐！」他心裡暗嘆。即使不與醫師收入相比，相較於當時基本月薪大約五、六千元，阿婆的所得仍然有限。

但是莊宏達神色如常，也沒有不收藥費或減價，「這樣會傷了她的自尊，阿婆覺得她可以為孫子做點什麼事。」

送走祖孫兩人，他繼續看病。

夜幕低垂，等待看診的人漸漸減少。這一天，如往常一樣結束。

莊宏達關上門，收拾原本就有條不紊的診療室，走到樓上家人起居的房間。短短幾步路，他的思緒卻開始奔騰。妻子的招呼、稚兒的笑聲如往常迎面而來，此刻竟然感覺有些遙遠，他的心神全部被阿婆的話占據。

兩元與一百元的差異，究竟因何而生？

我的所得，是不是來自知識的不對等？是趁他人健康之危嗎？

金錢的價值是什麼？

專業的意義又是什麼？為了賺錢？或者，應該有更高的價值？

一個問題勾出更多問題，每一個，都重重敲擊他的心，彷彿要他打開自己，重新審視：你在做什麼？你活著，是為什麼？

莊宏達從高雄醫學院畢業後，在彰化基督教醫院完成內科住院醫師訓練，自己出來開業，八個月後結束診所，到雲林若瑟醫院成立小兒科，大約一年，他又回彰化再度開業。

他把每一天填滿各種活動。除了看病，他同時在中國醫藥學院中醫系教《黃帝內經》、在台灣省立教育學院特教師資進修班教復健醫學，又去省立彰化仁愛實驗學校為肢障孩子檢查身體。*

有一天，要接他去仁愛實校的車子已經在門口等了一陣子，他俐落結束病人的診療，正要跳上車，又有家長拉著孩子趕過來。他只能匆匆丟下一句話：「兩個小時後我就回來！」然後揚長而去。

賣菜阿婆走進他診所的這一天，他如此行醫已經六、七年了。白天那一句對答，猶如上主創世界的那道光，射進他內心，所有隱藏的混沌和空虛，無處遁逃。

他感到慚愧：「在這之前，我忙於各種事務，病人上門常常找不到醫生。這一天之後，我更認真看診。」

但是內心裡，他知道，自己對當下的狀態並不滿足。在日復一日的看診中，病人來來去去，彼此互動溫馨卻沒有深入的關係。和世界的連結似有若無，讓這位年輕醫師有一股說不清、道不明的失落。

也許是上天之意，沒多久，莊宏達碰上一段和賣菜阿婆截然相反的際遇。因為針灸功夫頗有口碑，有位藥廠老闆透過朋友介紹，請莊宏達去家裡為他太太治病。

這位老闆的太太得了膽囊炎，腹痛不已，莊宏達只為她扎了一針，疼痛立刻好轉。老闆包了兩千元紅包當醫療費，感謝他。

收下沉甸甸的紅包，年輕醫師踏出華麗宅邸，走進大街，小販吆喝、騎腳踏車的路人按響鈴鐺而過，市井之氣撲來，他不自覺想起那天的一百元醫藥費。

對一個賣菜阿婆來說，要賺一百元是辛苦的事。

對一個大老闆來說，兩千元無足輕重。

金錢與專業的價值是什麼？

這個如水草糾結成一團的問題，在他心底浮浮沉沉，此刻再度被沖上岸。

不再看令人撩亂的世界，他回歸內在，穿過歲月，細細梳理自己。

莊宏達的父母繼承家裡的百貨行，又經營童裝成衣，再發展到家飾布品，在彰化市小有名氣。未婚的叔叔、姑姑和他們住在一起，父親做設計、母親帶工人剪裁車縫，叔叔跑業務，姑姑一邊顧店一邊刺繡，因為忙不過來，還請多位婦女代工，日子過得充裕又熱鬧。

為了拓展家裡的童裝生意，腦筋動得快的長輩想到請小模特兒拍照做廣告。幼年的莊宏達長相俊秀，成為最佳人選。有時候他戴上大大的鴨舌帽，用燦爛笑容烘托帽子的俏皮造型；有時候他穿上全套的西裝、襯衫、領帶、皮鞋，和穿小洋裝、戴貝蕾帽的姊姊站在一起，營造令人欣羨的優雅教養形象。

那個年代的台灣，照相館剛興起，一般人只有在重要日子才會踏進去，然後在相機前忍住不動，希望在快門喀擦的剎那留下完美的紀念。莊宏達因為擔任「童裝模特兒」，意外留下一些精美的沙龍照。

時代快速輪轉，台灣經濟轉型，家庭規模的小企業逐漸被淘汰，莊家的生意也迫不得已結束。叔叔、姑姑分家而出，自己父母也為十個孩子的學費經常傷腦筋。

莊宏達剛入社會當醫師時，幾個弟弟、妹妹還在念書，每個月，他將薪水全部交給父親分擔家用，父親再給他零用錢。為了開診所，他又借貸了一些錢。

這樣一個手頭不闊綽的年輕人，也許應該更努力賺錢，重拾童年的美好生活或至少擁有充裕自主的金錢，但是莊宏達沒有這樣做。他無法只是安坐在診療室裡，打針、開藥，迎進一個又一個病人：「光是看病收錢，索然無味。」

至此，莊宏達已經有了自己的答案：「專業可以用來賺錢，但是所得足夠生活、養家就好。專業的價值，在於能夠幫助別人多少。」

當醫師難道不是在幫助人？

一九七〇年代，台灣的醫療資源並不發達，社會看待醫師治病救人，如同善行，給予高度尊重與報酬。醫師，幾乎就是一地的仕紳，台灣優秀學子也以進入醫學系為榮。從就學到就業，整個體系都在反映醫師這一行的價值。

莊宏達承認，醫師有很多方式可以幫助別人，外科開刀、內科開藥、在大醫院做研究、開業接觸基層，各有效益，不過，這些都只是醫師的「責任」。

這個見解，在當時社會顯得孤傲不群。但是在他的認知中，各行各業各有專業，專業是一種服務的工具，每個人在不同位置，透過不同專業來服務別人、成就自己，沒有哪一行特別了不起。

「什麼是了不起？」他總是提醒自己：「當別人需要你時，你就了不起；當別人不需要你時，你就沒什麼了不起。所以，不要自視太高。」

他知道自己在尋找的，不只是興趣或者一份工作，而是一種可以實踐生命意義的生活方式。

然而，理想中的專業價值落實在每一天，將是什麼模樣？

年輕醫師還有點模糊，前路彷彿有一層薄霧忽隱忽現，但是他清楚感受到自己的心，那裡蟄伏著一股憧憬。

莊宏達生長在虔誠的天主教家庭。每個週日，父親會關上店門，全家穿戴整齊，一起上教堂參加彌撒。

平時，還沒上小學的莊宏達則跟在姑姑身邊，聽她念聖人傳記故事。昨天是聖若望鮑思高致力於教養棄兒、今天是聖安多尼為窮人斥責官員……，每個聖人原本只是平凡小民，卻因為捨出自己去愛人，創造了超出個人的影響力。

他聽著、想像著，逐漸萌生一種憧憬，想效法這些聖人，為別人而活。

為別人而活，就是生命的意義？

愛，可以成為一種日常生活？

專業，可以成為實踐愛的方式？

莊宏達剛踏入醫師這一行時，看到自己的老師、前輩，大概都在八十歲左右去世，他天真地以為自己還有一半的年歲可以慢慢探索，然而時光不待人，一年又一年從身邊飛逝。

他在嬰兒室看到生命的盼望，也在病房接觸到不少死亡。做為醫師，他了解：在生死之間，人的知識與能力有限，生命只能薄弱地支持著，一如時光無法被握住，「存在」本身就是恩典。因此活著的時候，應該思考自己要做什麼事，才不辜負自己所獲得的存在。否則，即使活著，也是空的。

「存在何等可貴？時間何等可貴？」他有點著急，「你不把握時間，過去就過去了，而且一直過去。」

從此，展開在他前面的路徑，便是蜿蜒無盡頭的生涯探索。這一天，晨光拂過，一寸一寸照亮他眼前的路。

＊中國醫藥學院於二〇〇三年改制為中國醫藥大學；台灣省立教育學院於一九八九年改制為國立彰化師範大學；省立彰化仁愛實驗學校於二〇〇五年更名為國立和美實驗學校。

02

知識用於服務才有價值

在人生選擇中，莊宏達曾經差一點岔出醫師這條路。

日據時代，莊宏達的祖父莊加在是彰化田中的知名中醫，在鄉民及子孫間留下不少傳奇事蹟。其中最令人津津樂道的是這一則：莊加在曾經拜訪一家富戶，看到裡面一位傭人的耳邊骨深陷，認為有健康之虞，勸他請假回去休息。但是，傭人沒有感到不適，對這個提醒不甚在意，下班後還去找朋友。那個晚上，他在朋友家過世。

莊宏達的父親未能繼承衣缽，心中總有些遺憾，因此從莊宏達小時候，父親就經常表達希望他當醫師的期待。

學生時期的莊宏達始終表現優異，不僅功課好，也參加演講比賽、美術比賽，小學第一名畢業，初中考上台中一中，以班上第一名的成績直升高中部……，在社會眼中，這樣優秀的孩子未來也應該讀醫科。

大學聯考前，交志願表的時間到了，當年制度不同於現今，是先填志願後考試。他填好選項，遞給父親。那張表上，沒有一家醫學院。

也許出於對人生既定模式的挑戰，或是對自我選擇的渴望，頂著平頭的少年不聲不響做了翻轉天地的決定。

他平靜地等待父親回應，緊抿的唇卻透露內心的倔強。

父親看了，有些驚訝，終究沒說什麼。

那年醫學系與理工屬於同一組，排除所有醫學院的莊宏達，考上新成立的清華大學核子工程系，成為第二屆學生。清大核工系成立於一九六四年，為台灣能源發展預備人才而設，是清大在台復校後最早成立的大學部科系之一。

新鮮人的第一學期並不好過。在各種物理、動力的專有名詞和新竹冷風中，莊宏達仍然認真聽課、勤上圖書館，卻不得不承認：「怎麼樣都讀不出滋味來，連知識都是冰冷的。」

此刻，他懊惱地認識到自己的衝動。

一個學期結束，他休學準備重考，目標是醫學院。這一次，他平心靜氣地看待社會的眼光和父母的心願。

「醫學雖然看似也有許多生硬的知識，但終究和生命息息相關，而且是一個幫助人的行業，」他放下叛逆的心思，理性地檢視醫學的價值，接受「自己的確比較喜歡這一條路」。

當時全台灣只有四所醫學院，分別是台大醫學院、高雄醫學院、中國醫藥學院、台北醫學院，競爭非常激烈。*不巧，新的一年聯考制度改變，原本醫學和理工同在甲組，現在醫學分到丙組，而且考試科目新增生物，是莊宏達不曾用心念過的。

這個冬天，他住進外祖父家，清晨六點即起，晚上十一點入睡，沉心自學。

外祖父家在新竹，是兩棟相通的日式房舍，前面以扶桑做樹籬，後面是一個大院子，還有一方池塘，幾條魚悠游其中。莊宏達的外祖父施心田從記者退休，幾個舅舅也非常優秀，其中，五舅舅施性融是高醫第二屆畢業的醫師。

外祖父全家對莊宏達兄妹非常疼愛，還有一群年齡相近的表弟妹做伴，他住在這裡可以安心自在地讀書，悶了，就到院子散心，或者加入大家的笑鬧聊天。

炎炎夏日來臨，門前樹籬開滿紅豔豔的扶桑花，莊宏達再度走進考場。一個月後放榜，他在高醫榜單上看到自己的名字。

他呼出一口氣，第一個跳進腦海的念頭是：「終於完成父親的心願。」

那麼，自己的心意呢？

醫學這條路雖然受眾人肯定，但是站在人生的分岔口，每個人仍然是孤獨的。這個十九歲的大孩子，不知道未來將遇見什麼，他有把握的只是，「我應該可以勝任。」

在這種不安卻堅定的心情中，莊宏達揹起行李，踏進南台灣的校園。

高雄醫學院是全台第一所由民間創辦的醫學院，當時成立不到十五年，僅有三棟兩層長樓矗立在蔓草中，卻展現了蓬勃朝氣。

在人生選擇中，莊宏達曾經一度叛逆。
所幸，當他重新檢視醫學的價值，他接
受了自己其實比較喜歡行醫這條路。

創辦人兼院長杜聰明，是台灣第一位醫學博士，在國際鴉片研究擁有超然地位，曾擔任台大醫學院院長、台大醫院院長。在治理這所新學校時，他主張「樂學第一、研究至上」。

三年級的解剖課，就令學生深刻感受到學校的主張。課堂上，他們拿起解剖刀，撥開層層組織，仔細認識人體結構。課後，每個人向老師領一箱人骨，帶回住處，日夜相對、背誦，以熟悉骨頭的拉丁文名稱與結構。

面對大體與骨頭，莊宏達沒有絲毫恐懼或感到血腥，只微笑說：「當時的房東都不願意租房子給醫學系三年級的學生。」

《一代醫人杜聰明》書中指出，杜聰明有一項在當時非常前瞻的觀念，就是強調人文素養。他認為，醫生必須懂藝術、音樂、文學、運動……，以陶冶教養及品格，因此曾經聘請知名畫家到學校教畫，也自己帶隊到西子灣游泳。

在這種校風下，當年高醫學生的豐富生活不難想像。

莊宏達的一天除了排滿的課堂，還參加美術社、劍道社，甚至創立國樂社。日子猶如遠揚的船帆，總是被風漲得緊實飽滿。

經常在校園活動的莊宏達，出入時總會注意到走廊上的一幅畫〈割膚之愛〉。溫暖色彩描繪的，看似是開刀房裡的一場普通手術，不過，躺在病床上的，是一個來自貧窮農家的十三歲孩子，他的傷口糜爛，藥物無效，已經陷入昏迷；執刀的醫師是彰化基督教醫院創辦人蘭大衛，他正在將妻子連瑪玉捐出的腿上皮膚，移植給孩子，希望挽救他的性命。一八九六年成立的彰基，是中南部貧病人家的倚靠。

杜聰明創辦高醫時，請畫家李石樵為這個事蹟作畫，然後掛在學生容易看到的地方。他說：「高醫學生時常在此畫前走來走去，不知不覺中受感化，將來一定個個都能做學德兼備的好醫生，來為病人服務。」

莊宏達得知，這個仁醫故事就發生在離他家不遠的醫院，心裡甚為感動。

畢業後，莊宏達回到家鄉彰化，進入這家醫院擔任住院醫師。這一年，一九七三年，彰基已經成為中部數一數二的醫院。

在蘭大衛的兒子蘭大弼領導下，彰基從五十床的老醫院發展成兩百八十床的教學醫院，並且擴充臨床部門，積極培養醫事人才。

住院醫師面對的第一件大事，就是決定科別。莊宏達優先選擇內科。

內科醫師必須詳察病人的表現、傾聽病人的敘述、理解他的環境背景，再佐以檢驗，透過外在的蛛絲馬跡，分析病人體內到底出了什麼問題，很像他從小喜歡的福爾摩斯偵探故事。

工作看似靜態，腦袋卻得快速飛轉，的確像偵查辦案一樣，令莊宏達體會到破解疑雲的愉悅。不同於偵探工作的是，醫師「破案」後還得解決問題。內科醫師以藥物治病，但是，他很快就發現這個治療方式效果有限。

鄉下有許多慢性病或中風的病人，藥物只能維持他們的病情不惡化；有些疾病甚至只能使用類固醇壓制，無法治癒……

病人投來的信賴眼神，無聲卻強烈，猶如飄落的大雪壓沉樹梢，在他心裡積累了深重的責任。

看診前後的時間，經常有藥廠業務人員來拜訪醫師，他們不遺餘力推薦新藥、補充舊藥發現什麼副作用。莊宏達不禁蹙眉，醫師的治療好像被藥廠牽著走？

這些藥的確能幫助人，不過，他更希望脫離這種被藥物掌控的醫療。有什麼方式可以真正幫助病人？

夜晚值班的片刻空檔，或往來醫院與住家之間短短五分鐘的路上，他無時無刻不在思考這個問題。他渴望了解更多療法，使用更豐富的治病工具。

莊宏達想起未曾謀面的祖父和他如何以中醫造福民眾，不禁思考：為什麼不嘗試這個角度？

他從西醫入行，卻不自限於西醫，因為知識是用來服務病人的，不應該有領域之分。他開始找中醫的書來看，自己摸索針灸。

當時的《醫師法》規範不像如今嚴格，醫界仍保有日據時代的習慣，一個合格的醫師，可以運用自己所會的任何方式診治病人。

一九七五年，彰基同事的家屬來找莊宏達看病。病人六十幾歲，說自己的右手已經異常敏感一個多月，風吹就痛，碰到水更痛。

莊宏達以西醫的學識判斷，是末梢神經炎。按照西醫的治療指引，他每天為病人注射保養神經的維他命B群、ATP製劑。

一個月過去，病情沒有改善，病人仍在受苦。莊宏達思考一番後問他：「願不願意嘗試針灸？」

病人立刻點頭同意。

莊宏達除了研究應該針灸的穴位，又去看自己的國術老師尹千合如何下針。那個年代，許多武術館除了教國術，也做針灸、推拿。尹千合只提示他兩個重點：握在針頭好施力；痛感在皮膚層，下針速度快就不痛。

西醫的針劑注射訓練，讓莊宏達很快就掌握運作銀針的訣竅。

下一次看診時，莊宏達拿起準備好的銀針，快速扎入病人右手指縫間四個八邪穴，以及手腕下的內關穴、外關穴，共六個穴位。

針一入穴，病人立刻說手部有熱感，痛覺改善了。出針後，莊宏達請病人將雙手置入水中，結果病人說疼痛也減輕了。

就這樣連續針灸四次，一週後，病人痊癒了。

這個效果，不僅讓病人大為感激，醫師自己也感到驚豔，他試著以西醫觀點來分析中醫的機轉。

他認為，針灸刺激手部神經，使得血管擴張、循環改善，發炎症狀自然消失。而綜合西醫和中醫的治療結果，他更精確掌握病理，發現神經炎不是神經相關營養不足，而是循環不良。

以西醫素養探究中醫理論，莊宏達彷彿打開醫療的另一扇大門，而門後的世界竟是如此奧妙。於是，在經常連續工作兩天、超過四十小時的住院醫師日子中，他又為自己增添了研究中醫的功課。

在醫院裡，莊宏達總是大步趕往下一個地點，走廊布告欄的各種訊息，猶如路旁風景，過而不入眼。在醫院的第二年，一張小海報，讓這位匆忙的醫師停下腳步。

他湊上前去看，眼神一亮，是台大醫院推出復健科訓練。

台大醫院開設了台灣第一個復健科，科主任連倚南畢業自美國紐約大學，回台後除了在台大執醫、授課，也借助台大的資源，訓練其他醫院的醫師，打算建立全台的復健醫療網。

當時醫界流行四大科：內科、外科、婦科、小兒科，復健科非常冷門。莊宏達發現課程中有按摩、熱療等物理治療，心想可能和針灸原理有點像，就報名參加了。

一九七五年，莊宏達向醫院請公假三個月，一個人到台北受訓。

連倚南非常有使命感，以十人小班制落實教學，並且將三個月的課程排到滿，每天七點半召開讀書會，由醫師分享醫學期刊上的新知與論文；接下來，就是整天的上課、查房、跟診，細分到職能治療、語言治療、物理治療、輔具運用，直到五點多才結束，彷彿要在三個月內讓學生帶回所有知識。

幸好住在出嫁的大姊家，生活有人照料，莊宏達得以全力投入新領域的學習。他每天清早出門，傍晚回去後埋頭整理筆記、讀書，九點一到倒頭就睡，向來興致勃勃往前衝的人，這一次也忍不住說：「這三個月真的好累。」

不過，復健主要是恢復病人的生活機能，無法根治疾病，對莊宏達尋找最佳治療方法的理想來說，還是有所不足。

第三年，莊宏達看到另一張海報，中國醫藥學院開了西醫針灸班。中國醫藥學院是當時台灣唯一一所培養中醫的大專院校。

莊宏達的中醫是自修的，雖然治療效果不錯，但總覺得應該接受正式訓練比較嚴謹。不過，這次醫院無法給他長假去受訓。

他有些失望。

回到家裡，他抱起剛週歲的長子逗弄，一邊跟太太說自己最新的決定。

幾天後，莊宏達辭掉醫院工作，報名針灸班。這時是一九七六年五月底，他剛完成住院醫師的訓練。

收入？

這位一心一意探索醫學的年輕人不太擔心。他可以利用課餘開業看診，還有護士太太幫忙，維持生活應該沒問題。

莊宏達向親友借錢租房子、購置器材，房子不大，前面做了診療室與藥局，只剩後面一個小房間可以歇息。莊太太於是在後門外的空地上，放個小瓦斯爐煮飯。

「有一點收入，又能讀書、學習新東西，也不錯，」莊宏達很豁達。

每週，他總有三天要花上兩、三小時搭客運，走省道往返彰化、台中。看診、讀書、家庭樣樣忙碌，但他樂此不疲，讀完針灸班，決定繼續攻讀研究所。

他的指導教授是陳太義。陳太義曾在南京首都中醫院任職，後來移居香港，創辦香港中華醫學院。他專研經脈，提出「穴樹」學說，在國際備受矚目。傳統中醫點出穴道的位置，陳太義則進一步透過顯微解剖研究，指出穴道的實質結構，亦即末梢神經、末梢血管延伸到表皮組織的部分，形狀如樹。

陳太義受當時中國醫藥學院董事長陳立夫邀請，來台灣主持研究所，擔任所長。

他雖然是中醫背景，卻提倡中西醫整合，強調整體觀，擁有西醫背景的莊宏達在他門下做研究，如魚得水。

不過，莊宏達發現，只讀中醫的臨床，太多概念模糊不清。他學習任何事情都要追根究柢，中醫基礎理論源自《黃帝內經》，於是他回頭鑽研這部古老經典。

《黃帝內經》分成〈素問〉和〈靈樞〉兩部分，以問答形式寫成，前者記述各種理論，後者則有更多針脈輸穴和針灸技術。全書並非有系統的醫學論述，再加上難懂的文言文，即使中醫系科班學生也不一定能讀完。

莊宏達也經常卡在其中的字句，譬如，「氣到底指什麼？」莊宏達曾問陳太羲。陳太羲沒有回答，靜默後反而問他：「你要不要自己研究？」

莊宏達想了想，真的自己動手。他的方式原始，卻踏實。

以「氣」來說，他將《黃帝內經》十六萬字中提到的氣，逐一標示出來，然後抄寫在卡片上。血氣、形氣、火氣、胃氣……，整理出四百多張，全部放在一起，對比、歸類、分析，經典對「氣」的真正概念展現無遺。接下來，他運用西醫的解剖學、病理學知識，將這些觀念轉譯成現代醫學的語言。

那麼，「氣」究竟是什麼？

西醫說超音波、X光找不出來，所以不存在。

傳統中醫說，是一種必須沉心才能感受到的熱能。

莊宏達從四百多個「氣」的詞彙得到答案——氣是「狀態、現象」之意，血氣是血液的循環狀態、形氣是人體的生理現象、火氣是發炎的狀態、胃氣是消化功能……

許多耳熟能詳卻一知半解的中醫名詞，寒與熱、虛與實、濕與燥，經過莊宏達以現代醫學語言來說明，豁然開朗：寒、熱，指人體代謝率的低或高；虛、實，是體質弱或強；濕、燥，則是體液多與寡。

這個整理工程浩大，在沒有電腦的當年，經常幾百疊資料卡到處堆放，書房幾乎被書籍、資料埋沒。

莊宏達建立自己的解讀方式，取得碩士學位後，陳太義邀請他一起在中醫系教授《黃帝內經》。這一教，就是二、三十年。

一方面研修理論、一方面臨床行醫，莊宏達對中醫的掌握愈發精準。

一九七七年，莊太太生產第二胎，莊宏達決定親自接生。莊太太是護理師出身，懷第一胎時也學習過拉梅茲呼吸法，但是臨到分娩，即使打了止痛針，她說仍然疼到什麼都不記得。

這一次，為了減少妻子的分娩疼痛，莊宏達在她腳踝處的三陰交穴進行針撚刺激，長達八小時。莊太太的疼痛相較第一次大幅度減輕，胎音監視和宮縮圖都正常，腹肌用力也不受影響，順利產下嬌嫩的小女嬰。

之後莊太太生產第三胎，莊宏達和婦產科醫師聯手，婦產科照顧分娩，他則負責針刺麻醉。莊宏達除了針刺三陰交穴之外，也在腹部的關元穴、曲骨穴，以電針持續刺激。新生女兒白胖可愛，重三千六百公克，莊太太卻神清氣爽地說沒什麼痛感。

這一次嘗試，被《聯合報》以「大夫使用針刺麻醉無痛分娩成功，孕婦談笑風生產下女嬰。絲毫沒有痛覺，引起醫界重視」為標題，大幅報導。

除了針灸，在用藥上，莊宏達也領略了中醫的獨到。

一九八〇年，一位年輕男子來找莊宏達看診。他日夜打嗝已經三個星期，看過不少醫師、打了許多針，無奈都只能暫時壓制半小時。

既然西醫無效，莊宏達便開了中醫藥方「丁香柿蒂湯」。

半小時後，病人拿了藥回來，半信半疑地問醫師：「十五元一帖的藥，有效嗎？」

沒想到，第一劑藥喝完，苦惱他許久的打嗝時距拉長了。連續兩天共四劑藥，症狀完全消除。

三年後，這位年輕人又因為打嗝來看莊宏達。這一次，他喝完兩劑藥就解除症狀了。從此，這張處方被年輕人收藏在皮夾中。

這些令人嘆服的案例，只是莊宏達發表在中國醫藥學院《新醫潮》期刊的幾則。

師承陳太義的經絡學說，但以更扎實的西醫素養，開創自己的中西醫學，莊宏達的研究深獲老師肯定。

一九九一年陳太義退休，將自己手繪的「十二經解剖圖譜」，裝裱送給他。

莊宏達在一九九一年出版《節號本黃帝內經》、一九九四年出版《黃帝內經詞彙集引》，都由陳太義用一手漂亮的書法字，親題書名。

一九九五年，師生兩人聯手編著的《黃帝內經素問新解》出版。

陳太義於一九九六年過世，莊宏達整理他的著作，自費出版《陳太義教授中醫藥論文集》，寄給華人地區的中醫組織，希望為老師在人間留下更長遠的足跡。

學醫的路有些曲折，莊宏達一度感嘆，或許自己對知識的熱情勝過臨床執業。那一刻，他還不知道，在彎彎繞繞的人生中，他即將遇見知識與生命的祭壇。

當時全台灣的復健醫師很少，莊宏達的專業，是彰化珍貴的特教資源。省立教育學院率台灣之先成立特殊教育學系後，系主任許天威邀請他去特教師資進修班教復健醫學課程。

授課期間，仁愛實驗學校校長蔡錦松來聽課，這所學校專門招收肢體障礙的孩子。他熱情邀請莊宏達到學校為學生做入學體檢與復健諮詢，並且經常派車接送。

後來，省政府社會處為社福教養機構教保員開辦研習班時，許天威也推薦莊宏達去擔任講師。

像漣漪般一圈圈擴大接觸，莊宏達敏銳地發現，大部分的身障教養機構由家長或教會成立，以啟智、教養為主，卻不太了解身體的機能發展與復健。

舉例來說，對於無法行動的孩子，不論肢障或重度腦性麻痺，機構都讓他拄枴杖、坐輪椅，但是腦麻孩子的肢體常有不自主的活動，他們怎麼站得起來、坐得穩？更何況，忽略復健，孩子就會錯失關鍵的挽救時期。

「我有醫學和復健的知識，好像可以為這些孩子做點事……」這個念頭一迸出，從此像春天爭長的百花，在莊宏達心田恣意蔓生。

不斷在尋找生命意義與專業價值的年輕人，似乎看到不遠的前方，出現一種愛的樣貌。

＊高雄醫學院於一九九九年改制為高雄醫學大學；台北醫學院於二〇〇〇年改制為台北醫學大學。

03

生命的意義在於付出

深夜的兒童加護病房倍顯寂靜，除了值班護理師偶爾走動，只有監測生命現象的儀器，嗶嗶響著。

不知什麼時候，窗外站了一道身影。是莊宏達。他靜靜佇立，觀察孩子的睡顏，確認儀器上的各種生命指數。

「突然看到窗外有人，我們經常被嚇到，」朱麗宜說。當時她擔任小兒科病房護理師，不時看見莊宏達到加護病房和嬰兒房，「無論病人是不是他主治，因為是科主任，他就全部都查看。」

莊宏達到台中順天醫院擔任小兒科主任後，夜間醫師巡房，便成為這所醫院常見的一景。

一般說來，醫師很少夜晚巡房，但是這位新主任想的不一樣，「孩子的病一開始都是容易疏忽的細小問題，而且變化很快，所以要隨時注意。」

讓護理師感到緊張的，當然不只是突然出現的人影，還有莊宏達的嚴格要求。

陳愛椿當時是小兒科書記，和護理長互動頻繁。她印象深刻，有一次，兩人正愉快地說話，電話響了，護理長接起來，臉色瞬間改變。

電話裡的訊息是：「莊醫師找妳！」

夜班同仁也無法鬆懈。這位科主任來巡房，如果看到護理師趴在桌上睡覺，會毫不留情地把她喚醒。

莊宏達在一九八一年加入順天醫院，當時鄰近的中國醫藥學院正蓋好第一醫療大

樓，稍遠一些的台中榮總也剛掛牌，順天醫院算是台中、南投地區歷史悠久的醫院。院長陳天機是日據時代的醫學博士，也是糖尿病名醫，創辦醫院之後又成立中台醫專，即如今的中台科技大學。

當時，台中地區只有中山醫院和台中醫院有小兒科，*一般醫院常將小兒科歸屬內科診治。小兒身體機能畢竟和成人有些差異，莊宏達到順天醫院之後，開始建立小兒科。

在陳天機的充分信任之下，這位新上任的科主任放手施展。除了開立一般兒科門診、健康兒童門診，他成立嬰兒病房、小兒病房、加護病房，占去醫院半層樓的空間，接著聘用門診及病房三班護理人員，並招募住院醫師、進用實習醫師。

設備也沒落下，他支出數百萬元預算購買先進器材，嬰兒處置台、保溫箱、換血機，救護車上用的移動式保溫箱……

兩年之間，莊宏達建構出心中理想的孩童醫療照護環境。他臉上浮現難得一見的讚嘆表情：「當時規模真是很大啊。」

順天醫院小兒科陣容堅強，傳出口碑。除了門診病人，院內婦產科需要照顧的新生兒，甚至台中地區醫院、診所的新生兒有問題，也經常送到這裡。

莊宏達倒沒空顧及這些「盛況」。他在診間，經常看到父母帶著身障孩子來看病，不僅出入辛苦，又不知道去哪裡復健，於是想著：我當主任，應該有點空間照顧這些特殊孩子吧？

以前自己開業，一個人的能力有限，如今在順天這麼有規模的醫院，自己的經驗也更豐富，能不能為他們多做一些事？

另外，從醫療完整性來看，健康門診的預防是第一醫學、門診和病房的治療是第二醫學，再加上第三醫學，亦即重建機能的復健，病人才能獲得最佳的照顧。

莊宏達敲了院長辦公室的門，向他提出想法：「是不是可以讓我在小兒科設一個復健中心？」

陳天機很快就同意了。

醫院沒有多餘空間，於是莊宏達在附近租下兩間相鄰的公寓，然後打通、改造。一九八三年，「愛兒復健教室」成立。

一開始來愛兒教室的，主要是智能障礙兒童。後來，各種身心障礙的孩子都有，自閉症、腦性麻痺等，多達十位。

除了運用自己所學照顧這些孩童，莊宏達也邀請他認為適合的同仁參與新團隊，培育她們擔任教保員。

活潑熱心的陳愛椿、細膩負責的朱麗宜、親切溫和的洪毓萍，就是在這初創時期陸續加入。

當時，大部分人對特殊兒童都不太了解，即使護理人員也是如此。

「一開始看到很多各種障礙的孩子，我就嚇到，」一頭蓬鬆鬈髮的陳愛椿，是第一號教保員。她為了照顧自己的孩子，需要穩定的上下班時間，所以從小兒科轉到愛兒復健教室。

朱麗宜的情形也類似。那時她有了第二個孩子，無法輪值大夜班，莊宏達問她願不願意服務腦性麻痺的孩子，她就轉過來了。

朱麗宜從護專畢業，在學校也念過小兒專科知識，但是從未接觸過身心障礙的孩子，「老實說，有時候他們表現出來的行為，我們也會害怕。」

誰沒有不安的時刻？

不過，因為喜歡孩子，她們願意踏出第一步，試著了解、接納，然後付出。

「這份工作不是一般人能做的，」陳愛椿感慨，「除了要把屎、把尿，有時候孩子甚至會把糞便塗到牆上，或者跑出門去，壓力真的很大。」

「有些孩子生氣的時候，會傷害自己或是攻擊別人，如果沒有學習怎麼處理，我們也會受傷，」朱麗宜說，她就曾經為了抱住一位自閉症孩子安撫他的情緒，卻被咬到瘀血。

莊宏達幾乎是手把手教她們，從孩童生長發展理論、早期教育的評估及訓練到復健醫學概要，每個中午，別人一起吃便當聊天的放鬆時間，就是這個小團隊努力學習的黃金時間。

她們，也成為日後莊宏達照顧特殊兒童的重要助力。

莊宏達在門診、病房、復健教室三地奔波，持續了三、四年，直到因為理念不同，離開順天醫院。

一九八六年，莊宏達在台中熱鬧的昌平路開了「莊小兒科」。莊小兒科租下三層樓房，一樓做一般門診，樓上做復健教室。

順天的愛兒復健教室沒有人接手，於是家長帶孩子來到莊宏達的診所。他必須以個人力量，來照顧原本需要醫院資源支持的孩子。

做得到嗎？

盡力一試吧。

一開始，大概有五、六位特殊孩子，但是家長口耳相傳，孩子愈來愈多。阿錚，就是這時候被爸媽帶到莊小兒科，當時她才三歲。

媽媽生阿錚時難產，阿錚七個月大時被判定腦性麻痺。從此，爸媽聽到哪裡有醫師在看相關症狀，就帶女兒去哪裡，中醫、西醫，各種療法都積極嘗試。有一次聽到親戚說，昌平路有個厲害的醫師，他們又帶著女兒來這裡。

阿錚開始固定在莊小兒科看診。

起初，是因為莊宏達的檢查動作比較輕柔、開的藥讓她比較舒服，提到要看莊醫師，她就會很開心；慢慢地，每次帶女兒去看病，阿錚的爸媽就發現一些令他們安心的地方。

「看完病，我抱孩子起來，莊醫師總是先伸手過去護著桌角，免得我們碰到，」阿錚媽媽說。

有一次，媽媽臉上長出痘子，她原本不以為意，莊宏達看到了，勸她：「妳的痘子不對，最好去醫院檢查血糖。」她去了醫院，一量，血糖值高達兩百，已經罹患糖尿病。

「莊醫師的中醫很厲害，」阿錚爸爸直呼。他感冒也找莊宏達看病，結果吃三包中藥就好了。

接觸愈來愈多之後，雙方熟稔了，阿錚爸爸忍不住問：「莊醫師，你怎麼那麼嚴肅，都不會聊天開玩笑？」

他還記得莊宏達這麼回答，「我不是不會開玩笑。我是很謹慎，很專心在想怎麼用藥。」

一家人都信任莊宏達，阿錚爸爸乾脆把家從清水搬到莊小兒科附近，方便看診。雙方從此開始長達三、四十年的互動。

阿錚後來進入瑪利亞啟智學園，成人後，由媽媽在家照顧。莊宏達下班後，夫婦兩人會散步去他們家，猶如看望老朋友，是一種家常性的拜訪，遇上耶誕節帶個蛋糕，知道阿錚媽媽閃了腰就問問是否需要幫忙。

阿錚老家在山上有果園，種了香蕉、梅子，收成時，阿錚爸爸會專門留一份給莊宏達。

「家長、孩子跟我們互動的時間長了，有一種生命的交流與互相需要，」莊宏達雖然不善交際，卻喜歡這種深入的關係，「這是一般開業醫師所缺少的。這樣的工作，比單純看病多了一點價值。」

隨著孩子增加，莊小兒科復健教室從二樓擴張到三樓，又在頂樓加蓋鐵皮屋頂，放了一個移動式游泳池，做為水療池。

三層樓房沒有電梯，教保老師揹著大的、抱著小的，一階階爬上去。遇到老師忙不過來，莊宏達就放下手中工作去幫忙。

「莊醫師常常揹孩子上樓，有時還開自己的車接送孩子，我們左鄰右舍看了，眼眶總會泛紅。如果沒有宗教家情懷，做不到這樣的奉獻，」台中知名茶館「無為草堂」創辦人凃英民，住家就在莊小兒科對面，說起莊宏達，他充滿感佩。因此，除了將莊宏達當成家庭醫師，無為草堂也長期支持瑪利亞的工作。

揹著孩子爬四樓，的確讓莊宏達滿頭大汗。不過，看到孩子在清涼的水池裡眉開眼笑，「我就很開心了，」他說。

一開始就從順天醫院轉到莊小兒科的陳愛椿、朱麗宜，也同樣忙到分身乏術，幫孩子復健、準備午餐、餵食、清洗、接待家長、寫紀錄……，身兼數職。有一陣子，莊太太得在中午趕來支援做飯；莊宏達的妹妹莊淑美、弟弟莊宏德在彰化從事幼教工作，也每天通車到台中幫忙照顧孩子。

診所後面有一張診療床，朱麗宜記得，中午時候，她和陳愛椿就會一起躺上去，「那是最舒服的時刻，腰都伸不直了。」

身體雖然疲憊，心，卻是飽滿的。

「我讀商科，我的同學都頗有成就，也賺不少錢，但是我很喜歡這份工作，」陳愛椿對莊宏達的理念相當有共鳴：「照顧這些身心障礙的孩子，遇到很多挑戰，但是很甘美，我們的生命有價值。」

「那時候我年輕，體力也好，而且想著能為家長減輕一點負擔，就覺得自己做得到，」朱麗宜肯定地說。

不僅樓上的復健教室極度忙碌，樓下診所的病人也很多，尤其夏天。

莊宏達的長女有氣喘，西醫治療氣喘，不是使用氣管擴張劑就是類固醇，只能控制病情，無法改善。每當深夜或清晨，大地沉沉入睡，稚齡女兒卻不斷咳嗽、哮嗚，甚至呼吸困難，讓他心疼不已，於是往中醫尋覓解方。

他找到一個外治方式，便是在頸背處的百勞、肺俞、膏肓三穴敷貼藥物，也就是現在大家熟悉的「三伏貼」。做了幾次，女兒的症狀就明顯減輕。

他還在順天醫院時，一九八四年，獲得陳天機同意，開設了三伏貼特別門診。人數出乎意料地多，只好動員全院進行。

第二年，醫院更是湧入人潮，幸好已改在小兒科門診，並且以預約方式進行。當時，台灣幾乎未曾聽聞這種治療氣喘的方式，經過《聯合報》報導後，創下一天七百個病患的紀錄。

開了莊小兒科後，莊宏達仍繼續提供三伏貼服務。

他統計了兩年的追蹤研究：綜合一九八五年在順天醫院、一九八六年在莊小兒科，共五百三十二人施治，一百七十四人回函，前後年度分別有六〇%、八五%病人的症狀減輕，肯定了氣喘外治的療效。幾年之後，莊宏達又證實了，這個治療方式對過敏性鼻炎也有顯著效果。

氣喘好發於秋、冬，夏季是最好的治療季節。這時，兩、三百位病人掛號等候看診，莊宏達忙不過來，於是找了七、八個中國醫藥學院的子弟兵，一邊學習、一邊幫忙，他則在之間來回解說、指導。

暑氣炎炎，大多數人懶怠出門，小診所仍被來來去去的病人擠滿，成為當時昌平街上一道特殊風景。

而忙完一季，這個療法也隨著學生回到各自看診的地方，散播出去。

在日復一日投入中，不知道從何時開始，莊宏達的存摺裡，數字愈來愈少。

莊宏達計劃以診所的收入，支持復健教室的開銷，因為大部分特殊孩子的家境普通，他只隨意收些費用。不過，他一個人看再多門診，收入也跟不上復健教室成本增加的速度。每增加一個個案，每個月就要透支兩千元。一九八六年，台灣基本工資每月不到七千元。

為了給孩子更妥善的空間，他默默動用家裡不多的儲蓄，在巷口買了兩層樓的小房子，當作教室。

員工其實略有所感。朱麗宜說：「莊醫師是一個很節儉也很清廉的人，莊小兒科的經費捉襟見肘，但他還是很努力，自己掏錢買教具、付我們的薪水。」

一九八八年，省政府社會處同仁來拜訪莊宏達，說負責「靈光腦障礙兒童服務中心」的澳洲籍醫師郭瑞琳，打算退休返回家鄉，拜託他承接幾個靈光的個案。

在台灣小兒麻痺流行時期，郭瑞琳到台中開設靈光醫院、靈光小兒麻痺兒童之家。當時，許多貧困父母將病童留置家中，無人照顧，郭瑞琳夫婦將這些孩子帶回去，免費為他們開刀、矯正脊柱，並且聘請專業治療師為他們復健，又設立「小兒麻痺兒童學校」，讓這些孩子不必忍受同學歧視，安心成長。這之後，他開設靈光診所及靈光腦障礙兒童服務中心，照顧腦性麻痺孩子。

可是，直到郭瑞琳即將離開的時候，台灣這類照護機構還是很少。

當時啟智學校或學校附設的啟智班，名額有限，往往過濾掉嚴重障礙的孩子，輕中度障礙者才有機會入學，有些學校還要求家長陪伴入學，幫孩子處理吃飯、如廁等生活需求；私人教養機構更是只收留容易照顧的，婉謝困難的孩子。

愈殘弱的孩子愈無處可去，他們的父母，也沒有享受過一天正常的家庭生活。面對社會處的請託，莊宏達說：「他是醫師，我也是醫師；他是外國人，我是本地人。你可以想像得到，我怎麼能說不要接。」

更何況，從多年前開始，他在彰化認識了瑪利諾修女會的修女，就一直被這些外國醫師所感動。

其中一位黎安德修女，在美國取得醫學博士學位，後來到彰化成立「瑪利諾聖母診療所」，照顧貧窮病人、小兒麻痺及智障兒童。同樣來自美國的謝眾容修女，成立了「博愛中心」，為小兒麻痺的成人做職業訓練、家庭輔導。

謝眾容和莊宏達年紀相近，年輕美好的人生都投入在照顧殘障病患。他偶爾陪修女家訪，看她們熱心地奔前走後，協助病患到醫院看診，「一個外國人願意對陌生人這麼付出，我非常敬佩。」

莊宏達也希望幫忙，可是，如果再增加照顧人數，自己的能力其實有一點勉強。

他不喜歡麻煩別人，只是默默做，知道的人自然會給予支持。到目前為止，所有協助都來自親朋好友。

和莊宏達家人同一個教堂的楊修女說：「他是很安靜的人，不會講自己遭遇什麼困難，更不會特別提要募款。」

社會處的人了解莊宏達的擔憂，建議他成立基金會，申請政府補助。沒想到，對莊宏達來說，這是一個更艱難的選擇。

如果以個人力量做，直到撐不下去的那一刻，無法再照顧這些特殊孩童，他也許會感到遺憾，卻無愧。

法人接受政府補助、大眾捐款，這樣的能量可以做更多事，但是也必須向社會負責，如果做不好，將虧欠那些珍貴的心意……

能不做嗎？

做得到嗎？

莊宏達以往彷彿活在當下，想做什麼就去做，此時，卻有些猶豫。

一個週日，他到聖堂參加主日彌撒。燦爛的陽光穿過彩色玻璃花窗，化為柔和的光線，映照在高台上的十字架，架上受難的耶穌，眼神如此悲憫。

數月來的激盪思潮，寧靜了。一個清楚的聲音告訴他：「做做看吧！如果成功，現在的煩惱是多餘的；若不成功，不過是回到原點。」

也許潛意識中已經有了答案，當這個聲音響起，莊宏達瞬間下定決心。

他從信仰角度思考人生，路該怎麼走，清晰於心：「為別人活，是存在的意義和價值。當別人因你而有所助益，你的存在才有價值，如果只想到自己，只為自己活，那有什麼用？最後結束時，人生還是一場空。」

莊宏達打算申請設立文教基金會，因為當時這類型基金會的成立資金最少，只需要一百萬元。

家長們非常高興，知道他們的孩子將獲得更多照顧資源，因此有錢捐錢、有人脈的發動募款。莊宏達也向親友募些錢。原本預計半年才能湊到的金額，三、四個月就到位。

一九八八年十一月，莊宏達另外承租五權七街一處房子做為基金會據點，「瑪利亞基金會」正式成立。

＊中山醫院於二〇〇一年更名為中山醫學大學附設醫院；台中醫院於一九九九年改隸為行政院衛生署台中醫院，二〇一三年改制為衛生福利部台中醫院。

04

去愛，無私的愛，全然的愛

第一次認識莊宏達與瑪利亞基金會的人，經常問起兩個問題：

莊宏達家裡有特殊孩子嗎？

這是教會的機構嗎？

前者的答案是否定的。後者所反映的刻板印象，雖不正確但也不完全錯誤。

莊宏達以醫師專業投入特殊兒童照顧，並非因為切身之痛而激發他幫助家長的熱情，而是來自對信仰的認識與使命。

信仰是他的生命方向與生活方式，在他如細雨潤物般的影響之下，宗教家的奉獻精神成為瑪利亞的機構文化。

關於信仰，也要從他的祖父莊加在說起。

一八九七年，台灣由日本統治，西班牙神父白若瑟來到彰化田中設立堂區。七年後，由同是西班牙籍的神父閔佑道繼任，他殷勤地向田裡的農民、村裡的老人及婦孺傳教。

莊加在看著西洋神父在道、佛為主流信仰的地方，四處宣揚天主教，三十幾歲的他年輕氣盛，想讓這個「外國教」知難而退，於是約時間和神父辯論。

閔佑道熱情地與莊加在暢談。

有沒有神？

什麼才是真神？

有沒有靈魂？

人死後去了哪裡？

經過幾回合交談，一題一題明辨，莊加在對神父富含邏輯的義理深感認同。他開始研究天主教教義，一年後，受洗成為教徒。

莊加在是地方敬重的人物，他成為天主教徒，引發鄉里議論。有些朋友不以為然，想刁難他。有一年，廟會祭祀日到了，朋友一起起鬨逼他接下爐主。莊加在對這些舉動無奈苦笑，卻堅定拒絕。

在天主教傳統中，每個人領洗時會領受某位聖人的名字，稱為「聖名」，以求該位聖人保佑。但是一般說來，教徒還是有本名。莊加在將信仰落實在生活中，他成為天主教徒後所生的孩子，都是出生就領洗，甚至以聖名做為本名。

莊宏達的父親是莊奧斯定，名字來自《懺悔錄》作者聖奧斯定（St. Augustine）；叔叔莊縛多伯，來自耶穌十二使徒之一聖多默（St. Apostle Thomas）；姑姑莊葛隆，來自將天主教傳入蘇格蘭及愛爾蘭的先驅聖高隆（St. Columba）……。日據時代，他父親、叔叔四個字的名字，常被誤認為日本人。

祖父接受外來信仰的過程，如床邊故事，莊宏達從幼年就不斷聽長輩說起，家裡也還有祖父留下的天主教聖像。

家裡不算大，一樓做為店面，莊宏達的父母帶著他們十個兄弟姊妹和姑姑、叔叔，住在二樓。不充裕的空間中還闢出禱告的角落，每個晚上，父親會將全家人聚集在這裡，一起跪在禱告凳上，闔眼靜默，感謝天主一日的守護。

莊宏達記得，父親經常和他們分享一個奇妙的經歷：每當即將開學註冊，天主就會給他一筆生意，收到的錢，剛好支付他們的學雜費。年幼的他們聽了這番話，頓時感到生活有所倚靠。

莊宏達在這樣虔誠的氛圍中成長，不過，他接受信仰並非如此理所當然。如果說，他的祖父是突破社會傳統思維，那麼莊宏達則是重新辨證家庭傳統。

來到彰化市郊，沿著大埔路往山丘上走，有一座靜山修道院，是耶穌會重要的靈修場地。莊宏達念中學時，每當寒暑假，總和同學到這裡參加「避靜退省會」等活動；平時的假日，他也會自己搭公車上來。

修道院有一座圖書館，藏書豐富，尤其神學、理哲學，莊宏達喜歡置身此處，浸淫在思想的汲取中。讀累了，他放下書本，沿著小徑往上走，滿路的青翠釋放了他糾結的大腦。站在山頂，俯瞰彰化市區，世界小如微物，而那些生活中鋪天蓋地的歡喜和煩惱，此刻如同耳畔拂過的風，輕易來去。他看到生命的不同面向。

十四、五歲的少年，經常向神父請教信仰及人生問題。

靈魂存不存在？

有沒有神？

在往來問答中，神父丟出一個問題：「難道滿盤的鉛字隨意撒到地上，能自然排成一篇優美的文章嗎？」

細想之後，他豁然開朗。即使只是一篇文章，也需要創作者精心安排字句，何況人類仍然無法完全認識的宇宙？

生活在鄉間，日升月落、季節更迭、雁鳥如期遷徙，莊宏達看見天地令人驚嘆的規律。他相信一切規律都有基礎，而這些基礎背後的終極基礎，就是神。人類千年歷史中，即使牛頓、愛因斯坦等科學家，他們探索宇宙現象，推理到最後，也不得不承認神的存在。

少年敬佩這些神父的豐富學養，他們的儒雅風度更讓他一度想當神父。其中，西班牙籍神父高欲剛、已過世的台灣樞機主教單國璽，都是他當時靈修的指導神父。

莊宏達接受了神的存在，但是對於是神又是人的耶穌，他心中始終存有一絲疑惑，是理智無法接受的。

隨著歲月溜逝，翩翩少年成為令人信賴的穩重醫師，內心對生命的探索卻愈來愈渴切。

莊宏達常常在病房裡看到瀕危之人，他們臉上流露出那種追求繼續存在的渴望與無可奈何，讓他感到震撼，又同時迷惘：「人死亡之後，歸宿在哪裡？你的身體回歸大地，可是真正屬於你的那個生命，將漂泊到何處？」

浩瀚宇宙，縹緲之人。

正值黃金年華的專業醫師，竟然感受到一種難以承受的虛無。世間諸多情感令人溫暖，卻無法完全充實他的生命。

四十歲之後，他當了科主任，不再像住院醫師那樣需要頻繁值班，終於有多一點自由的時間。夜裡，等家人都入睡了，他獨自盤桓在書房中，翻閱各種學說典籍，想找到生命最終的答案。

書房大約四坪，不算寬闊，但是好幾個書櫃或並排、或對面而立，竟然隔出知識之河的空間感。少年時，他喜歡《三劍客》、《福爾摩斯》……，而今，書架上更多的是醫療專業、宗教神學和各家哲學思想。

莊宏達讀《阿含經》、《佛說阿彌陀經》……，也認真研究佛教的歷史與地域差異。他有些失望，「佛教討論的是現世生活的智慧，對人死亡之後的論述，並不充分，」他說，釋迦牟尼談死後，不曾提「西方極樂世界」，而是講「涅槃」與「六道輪迴」。但是，誰提供輪迴的動力？輪迴的基礎在哪裡？誰決定必須這樣輪迴？

「我們接受輪迴的事實，而不了解為什麼這樣輪迴，」莊宏達說，「若從物質來看，物質的確有輪迴，萬物歸土，土長出植物，植物被動物吃掉，動物死亡化為塵土，那是物質不滅定律的現象。可是對人來說，從人的生命變成動物的生命，究竟怎麼輪迴？依據什麼？佛教未曾解釋這個基礎。」

佛家提出的現世觀，如同古今中外許多智者所看到的，是無常與空虛。他深刻體會到這種盛世荒涼，卻也發現這個觀點的偏失：人性無法滿足於這種虛無，因此即使認識虛空，卻仍然在有限事物上追求無限渴望，永遠得不到滿足。

無限的渴望，只有回歸到無限的境界，人才會心安。

半夜輾轉反側之際，莊宏達突然想到什麼，總是立刻掀開被子起床，到書房查找資料。

他重讀《聖經．舊約》，發現基督信仰最重要的論述不是現世智慧，而在於生命基礎。《聖經》清楚指出，人的生命基礎在於創造者，神。只要回歸神，人的死亡與存在，都有了依憑。

從這個角度，他想起自己一向喜歡的老子學說《道德經》。道家追蹤生命的原則，那個原則就是道。《道德經》指出，生命要超越變化無盡的狀態，唯有和永恆不變的道結合。

那麼，道是什麼？老子說「道法自然」，自然是道的基礎。莊宏達解釋：「這個自然不是我們現在所理解的自然界。『然』是『是』的意思，自然的意思是『自己就是，自己就存在』。」

他赫然發現，道家和基督信仰，在這個環節上是一致的，「神是自我存在，最原始的存在，也就是道家所謂的『自然』。」

不過，道家從人的智慧往生命起源探索，最終只能止於人的眼光，對於道本身的解釋仍然模糊。而基督信仰從生命創造者那一端，向被造者闡述真理，兩者之間的阻隔也就打破了。

生命的終極答案在神，神才能給人最後的依歸。只有在祂這裡，生命可以真正停止漂泊。

「神創造人，人最後回歸到神的居所，這是神所安排，」莊宏達很肯定，這個答案，幾千年前已經透過〈舊約〉留下，毋庸置疑。

他認為真正的問題是：「當那一天來臨，我們要用什麼面貌回歸？」

雖然人的條件都是神所賜予，但經過歲月的砥磨，不免產生缺陷。有缺陷的人，要回歸到圓滿的神的懷抱，很難契合，需要被彌補。莊宏達用生活場景來比喻：「孩子在外面玩得全身髒兮兮，母親得把他帶去洗澡，換上乾淨衣服，才契合家裡的環境。」

〈舊約〉預言了救贖者的到來，他將用自己的生命為人類彌補缺陷。史學家、宗教家認同了《聖經．新約》所記載的耶穌，確有其人其事，但是，他，就是這個救贖者嗎？

莊宏達重讀《聖經》，以他當年分析《黃帝內經》的做法，一處一處比對，他發現〈舊約〉有六百九十九處描述，都符合〈新約〉中對耶穌的描述。

日後，莊宏達獲得教會同意，重編《聖經》。傳統《聖經》依照時間及君王、先知、使徒的話語編排序列，以了解神啟的發展與背景，他則按照信仰的重要主題，例如：愛、寬恕、奉獻等，以五、六年時間將全部經文整理歸類，出版〈舊約〉的《天主聖言》和〈新約〉的《永生聖言》，便於更多人參考研究。

耶穌是救贖者，藉著復活讓世人知道，生命並非止於死亡。跟隨耶穌的腳步，將得到新生命。「就是神本來期待祂的愛圓滿灌注在我們生命，而成就的結果，」莊宏達說，「這個新生命將擁有全然的愛，被滿足、被關心、被包容。」

可是，耶穌的腳步，究竟踏上什麼樣的路途？

斜斜的燈光，讓莊宏達緊皺的眉頭更顯深鎖，他的視線停留在幾頁經文上。薄薄的紙上不到三千字的記載，他卻彷彿看到千年前荒漠黃石中的耶路撒冷城。

烈陽高照，熾燙的石板路上響起木頭拖過的喀嗟聲，耶穌佝僂著身子、揹著十字架，蹣跚而來。突然，他身體一歪，跌倒在地，跟隨的人們號啕痛哭。

四十公斤重的十字架壓迫著他，身上的累累鞭傷再度滲血，已經一夜一日滴水未進了，他口乾舌燥、臉色蒼白，意識有些昏沉。

耶穌掙扎著要站起，卻感到天旋地轉。

但是，透支的體力連同遭門徒背叛的痛楚、無罪卻判死的冤屈、挨打嘲弄的凌辱，都沒有動搖他的意志。他暈暈晃晃，站穩，艱困地舉步，繼續走向前面的山路。

來到枯石嶙峋的骷髏地，耶穌被吊上十字架高處，關節、肢體被重力拉扯，他開始呼吸困難。然後，手指般粗的鐵釘，狠狠穿過他的雙腕與赤裸的腳踝。

長達六小時的折磨與痛楚後，耶穌說：「成了。」頭垂下。

一名士兵想確認他是否死亡，於是拿起長槍，刺進他胸前。血與水，從傷口汩汩流下，濕透衣衫，滴進地裡。

莊宏達闔上雙眼，激盪的思緒難以平靜。

做為醫師，他對生命機能有深入的了解，透過文字，便彷彿親自體驗了這種身體與心神的雙重折磨，也因此，他更理解這個救贖的意義。

他說，人被救贖的方法可以有很多種，可是神的設計，竟然是讓耶穌被釘十字架，並且被長槍刺破心臟，血水滴盡，奉獻全部生命，「神用這個榜樣告訴我們，人要進入未來的生命，必須在這個現世練習過愛的生活，每天演練愛的方式，而且這個愛的境界，要達到無私而全然的奉獻。」

認識了死亡，就知道這一生應該怎麼活。

「你要愛，全然的愛，無私的愛，像耶穌一樣，」莊宏達內心澎湃的感動，化為他照顧特殊孩童的終極動力。

莊宏達按照自己對信仰的感動與使命，決定成立瑪利亞基金會。經過長長的人生追尋，他感到振奮：「現在我終於有機會去實踐，像之前的聖人一樣，為需要的弱勢服務。」

「不能浪費我們白白得到的生命與救贖，」莊宏達知道，未來的每一天、每一刻，他將要練習在生活中毫無保留地愛。

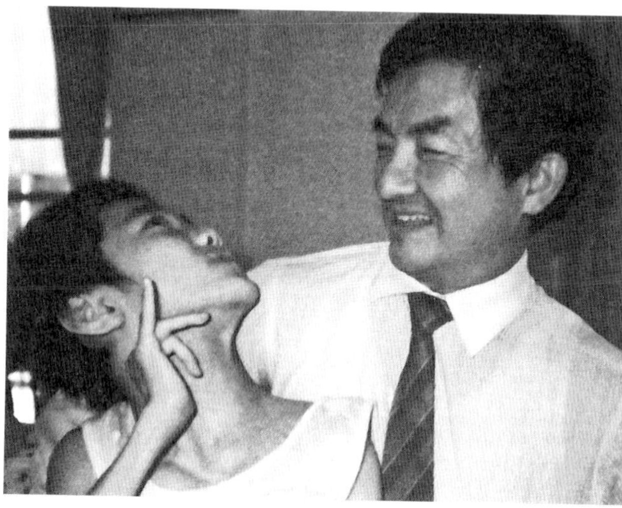

生命無二，莊宏達（右）相信，每個人
都值得擁有美好人生。

05 做在最弱的孩子身上

莊宏達低頭垂眸，盯著畫紙，手裡的筆「刷刷」畫過，心中的「聖母抱子」圖逐漸成形。

文藝復興時期畫家拉斐爾，以聖母瑪利亞為主題，畫出不少膾炙人口的作品。在〈聖母抱子〉中，瑪利亞緊摟著嬰兒耶穌，微笑地將臉頰貼在他臉上，世人公認這幅畫不只是聖像，更生動呈現人間的親子之愛。

在決定基金會取名瑪利亞之後，莊宏達拿起久違的畫筆，想以這幅溫暖的畫面，做為基金會的標誌。

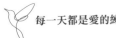

莊宏達從小喜歡畫畫，讀幼稚園的時候，他常拿著粉筆在自家騎樓下塗繪。有一天，畫家李克全路過看到了，立刻進門找莊宏達父親，說這孩子畫得不錯，願意免費教他。

李克全畢業於東京文化學院美術系，後來創辦人體畫會，是畫壇聞名的「中部雙美」之一。他的畫風秀美，反映了台灣普羅大眾生活的愉悅和淳樸，曾獲日本全展第二十五屆秀英賞、省展特選。

六歲的莊宏達開始到李克全家畫畫，也跟著他到處寫生，上了高中才停下畫筆。但是逢年過節，莊宏達仍然會去探望老師，直到他九十多歲去世。

彷彿已在心中描摹多次，莊宏達筆下的線條流暢圓潤，簡單如幾何畫派，但嬰兒耶穌依偎在聖母懷裡，聖母低頭凝視，親密的親子情感躍然紙上。

在天主教中，瑪利亞也是使命感、關懷者的代表。根據《聖經》記載，瑪利亞聽到天使傳遞訊息說她將因聖神受孕時，她雖然驚慌，卻願意順服旨意；後來，她知道自己的表姊高齡懷孕，擔心表姊無人照顧，也主動前往異鄉陪伴。

莊宏達希望基金會效法瑪利亞的精神，照顧孩子猶如完成天主的託付，並且熱心幫助家長。沒想到，瑪利亞基金會的開始，也猶如聖母瑪利亞的生產之路那般波折。

莊宏達照顧的身心障礙兒童已近三十人，莊小兒科的空間不敷使用，而且成立基金會後勢必帶來更多孩子，於是他請陳愛椿和同仁尋找新處所。他們看了好幾處屋子，但是房東聽到「身心障礙」這幾個字，紛紛搖頭拒絕。

莊宏達感慨：「當年聖母瑪利亞要分娩小耶穌時，四處碰壁，我終於體會到她的感受。」

瑪利亞生產前夕，羅馬政府下了一道旨意，要求全國人民回到自己的祖籍城市，報名上冊，於是浩大的人流在全國趕路。挺著大肚子的瑪利亞和丈夫若瑟，從他們所住的納匝肋城（Nazareth）出發，有時騎驢、有時走路，跋涉了上百公里的山路，來到伯利恆時，瑪利亞突然感到陣痛。

應該是要分娩了。

若瑟急著找落腳處，但是沒有一家客棧能接納他們，最後借到一處馬廄。冷風不斷滲入，瑪利亞咬牙生下耶穌，用布將他包裹好，放在鋪草的馬槽裡取暖。

一九八九年，基金會同仁終於在五權七街巷弄內，找到一間閒置多年的兩層樓別墅。院子裡雜草叢生，比人還高，不過，只要有愛，無論馬槽或雜亂別墅，都能成為溫暖的處所。

莊宏達當年的畫作，包括在日本得獎的作品，都未曾保留。只在一張舊照片中，看見留著小平頭的少年，身著卡其制服、手執畫具，和他的作品合影。那是一幅一百公分乘五十公分的大型畫作，主題正是耶穌誕生的情景。黑白照片無法分辨色彩，卻意外展現救世主降生在民間的真樸之意。

那是馬廄裡，嬰兒耶穌安然睡在乾草小床上，身上散發淡淡光芒。纖瘦的瑪利亞坐在他身旁，雙手合掌，溫柔地看著嬰兒；若瑟立在身後，淨是風霜的臉上一片肅穆，他交握雙手，低頭禱告。嬰兒的另一旁，東方來的博士和天真的孩童，歡喜地俯

莊宏達未曾保留自己的畫作，難得在這
張照片中，看見他與作品的合影。

伏獻禮，還有收到天使報喜信的牧羊人，呼此喚彼走進來。

而屋外，滿天風雪已經停下，夜空中掛著幾點星光。

經過同事、家長同心協力，拔除雜草、清潔消毒、重新油漆，一週後，雜亂的房子煥然一新，取名「瑪利亞啟智學園」。

打開紅漆鐵門，就是個乾淨的小院子，牆上畫著充滿童趣的動物，活潑孩子的所見世界；地上鋪了人工草皮，為他們擋住堅硬的泥地。庭院後的教室裡，教保老師準備好各種啟智教具和復健器材，微笑等候孩子到來。

這個巷弄裡的住戶不多，而且白天多半外出上班或上課，瑪利亞的孩子即使發出高亢聲音，也不會干擾到人；傍晚鄰居下班回來，孩子則都已經回家，雙方可以相安無事。

當年來到瑪利亞的孩子，多數是腦性麻痺，同時擁有兩種以上障礙又程度嚴重的

「極重度智能與多重障礙者」（profound intellectual and multiple disabilities, PIMD）。

大腦是人體最早發展的器官，是身心功能的控制中樞，包含運動區、知覺區、聽覺及語言區、視覺區、人格行為區等。大腦組織的發展，大概在兩歲左右已達成人的八○%，孩子若在這之前腦部受傷，對身心發展影響相當大。

腦性麻痺，就是腦部發育完成前受傷所造成的後遺症。

大腦的功能多元，腦性麻痺造成的障礙也因此多重而複雜，包含嚴重智能與肢體障礙；喪失聽覺、視覺與語言能力；發生吞嚥困難、異常肌張力壓迫內臟、髖關節脫位與嚴重癲癇等複雜問題。

世界衛生組織對「極重度智能與多重障礙者」也有清楚定義：智力低於二十，相當於三歲以前的發展，而且在自我照顧、持續性溝通與行動上有嚴重限制。這個名詞被專家簡化為「極重多障」，雖然拗口，卻說盡這些孩子的孱弱。

而造成腦傷的原因，莊宏達依照台中地區的篩檢來歸納：最主要是母親生產中或前後兩週，孩子的腦部缺氧；其次是新生兒時期黃疸過高；之後才是幼兒時期腦部感染，以及外傷引起顱內出血。

不過，在正確觀念還不普及的當年，腦痲孩子和父母經常被投以異樣眼光，甚至被視為揹負業障。

莊宏達希望，這些孩子和父母，不要如同瑪利亞一家人當年一樣，求助無門。他想預備一個地方，當這些受苦的人到來，他將打開門迎接他們，讓父母有個暫時遮風擋雨的屋頂，讓孩子得到應有的愛和尊嚴。

瑪利亞啟智學園，就是莊宏達為他們預備的處所。

每天早上八點，莊宏達準時踏進啟智學園，和同事開晨會、討論行政事務，九點一到，趕去診所看病人，中午簡單吃個飯，又奔回啟智學園。

整個下午，他為教保老師上專業課程、為孩子檢查身體，或到教室看看孩子的復健與教學情況。四點，孩子陸續回家，莊宏達再聚集老師討論個案，或分享他對啟智照護的期望。

晚上七點，他回到診所，為久候的病人看病開藥，直到九點、十點才結束。又急又忙一整天，他的確感到疲累，有時候寫出來的處方，已經歪歪斜斜無法辨識。

曾有鄰居調侃：「莊醫師這麼好命，下午都不看診。」

留守診所的莊太太，只能無奈地回以微笑。

瑪利亞啟智學園的環境或許只算溫馨，但是參訪的家長、客人常從細節，發現這裡和一般教養院不同。

「莊醫師要求我們，不論餵飯、喝水，都要抱著孩子。因為孩子被抱著就會有安全感，容易放鬆；如果孩子身體僵硬，很容易嗆到，」洪毓萍回憶，「我們都幫孩子包尿布，尿布髒了，我們就洗乾淨再讓家長帶回去。因為當時紙尿布很貴，有的家長負擔不起。」

廁所裡有一整排小馬桶，打掃得乾乾淨淨，沒有任何味道；另一面牆壁上，釘了一排不鏽鋼掛勾，上面掛著毛巾，櫃子上放著漱口杯，每件物品都寫上主人的名字，井井有條。

從刷牙、洗臉到上廁所，莊宏達讓孩子們學習生活自理，「獨立也是一種尊嚴。」

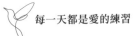

「我們的核心價值觀是幫助弱小，」陳愛椿說，「莊醫師帶領著我們，他的核心價值觀我們都會遵守，也逐漸改變了自己的價值觀。」

阿泰是極重多障的孩子，出生就在家由媽媽照顧。七歲時，媽媽希望他能像鄰居孩子那樣穿上圍兜去幼稚園，走出家裡那方小小天地，進入人群。媽媽四處詢問學校能不能接納自己的兒子，但是許多特殊學校都無法讓她實現心願。後來，他們找到靈光兒童服務中心，可惜只有一年，靈光就結束了。

這時，有人向他們介紹瑪利亞。媽媽帶著阿泰去接受評估，從此留了下來。早上她送孩子來，傍晚接回家，就像上學一樣。

平常阿泰身體有什麼狀況，就到昌平街莊小兒科看診。阿泰媽媽說，莊宏達讓她始終難忘的一點是，尊重孩子。

阿泰從小看病時，醫師都要家長抓住他的雙手、雙腳，免得他不斷亂動，影響檢查。他們第一次到莊小兒科時，她和先生循例要抓住孩子四肢，卻被制止了，「莊醫師說沒關係，不要抓他，看得到就好。」

然後，莊宏達拿起壓舌板和醫用電筒，檢查阿泰的喉嚨。阿泰不斷抖動，莊宏達就跟著快速移動。

媽媽看到自己的孩子被這樣疼惜，長久哽在喉頭的酸澀化了開來：「到現在，我年紀這麼大了，還沒有碰過這麼好的醫生，對孩子這麼有耐心。」

那時候，啟智學園的學生不算太多，莊宏達還能定期和家長座談，分享照顧孩子的方法。阿泰媽媽聽著看著，突然覺得眼前的人似曾相識，終於，腦海裡浮現多年前的一張臉龐。

他們夫婦婚後移居台中，不久便生下長子阿泰。阿泰三個月大時生病，媽媽帶他去附近診所檢查，沒想到隔天孩子就全身變黃。人生地不熟的小夫妻，茫然地將阿泰送到中港路上新開不久的大型醫院，中心醫院。

看診的是一位嚴肅的年輕醫師，他坦誠地說，嬰兒得了猛爆性肝炎，但是中心醫院因為財務關係即將休業，沒辦法繼續照顧病人，最好趕快轉到其他大醫院治療。醫師同時把檢驗報告交給他們，說這樣就不需要重新檢查。

阿泰爸媽急忙帶孩子到中國醫藥學院附屬醫院，一切流程與病情果然都如那位醫師所說，讓他們不再那麼驚慌。阿泰在醫院住了一段時間。後來，附醫的護理師告訴他們，有位年輕醫師來詢問阿泰的狀況。雖然雙方沒有相遇，但是夫妻兩人一直把這份關懷放在心裡。

那位年輕醫師的面容，和眼前殷殷教導的莊宏達，重疊為一。

從一九八九年成立後，啟智學園每年增加近二十個孩子，幾乎兩年就要擴充一次教室。很幸運地，一開始就在隔壁租了同一個房東的屋子；兩年後，在巷口租到第三棟透天房舍，並且連結百坪空地做戶外活動的空間；最後，又在隔壁租了第四棟，兩層樓的透天厝。

這些空間，不只是提供孩子去處。莊宏達認為，每一個人，無論他被賜予的身心條件如何，都有權利享受天主所創造的豐盛世界，而他將以醫療的專業，在這裡幫助這些特殊孩童體驗這份豐盛。

才走進教室，各種聲音或高或低，紛紛襲來。

「嘶……嘶……嘶……」孩子在安全地板上用手臂奮力爬行，練習肌肉。然後老師「啪啪」開心鼓掌，「你到了！」

「嘰！嘰！」這是孩子將滾球往前推的聲音。「喀！」這是老師蹲在孩子身旁，扶起他穿著輔助鞋的腳，再輕輕往前放下的聲音。

「哇……嗚……」這是孩子在站立架上伸展腳筋而疼痛哭喊，然後治療師細心安慰：「再一下就好了……」

瑪利亞也使用特殊設計的「活動站立床」，嚴重癱瘓的孩子躺在上面，用束帶繫緊身子，然後將床緩緩立起，就可以看見別人所能看見的世界。

從莊宏達的小兒科醫師角度來看，如果孩童成長過程中只看著天花板，人生就是白茫茫的死寂；如果孩子坐起來，視野能前後左右轉動，環境中的花草建築、人的笑容動作，都將進入他的眼簾，他的世界立即變得生動多彩。

為了帶孩子接觸外面更廣大的世界，莊太太又從家裡開支省下一筆錢，幫瑪利亞購置一部小巴，兼顧戶外教學與孩子的上下學接送。

藉著規劃完整的復健和配合個人需求的輔具，莊宏達相信，可以幫助這些孩子擁有多一點能力，去接觸他們想體驗的世界。

四、五歲的翰翰，坐在嵌著小輪子的木板上，自己划著進瑪利亞。他因為早產而腦室出血，造成中度智障與雙腿癱瘓。當時輪椅還不普遍，經濟條件不佳的爸爸，於是想出這個簡易的方式讓他移動。

爸爸每天從鄉下騎摩托車載翰翰來回瑪利亞。在這裡，翰翰雙腿裝上鐵支架、雙手拄著枴杖，開始練習走路，同時接受認知教育；兩年後，翰翰不需要別人看護也可以行動自如；再過幾年，他進入特殊學校讀國中，後來考上了大學。

瑪利亞照顧的孩子，到如今，有六位進入大學殿堂。

莊宏達（右）認為，遲緩兒若能接受早期療育，未來也有機會變得很優秀。

大多數極重多障的孩子，最終也許無法有這樣的成就，但是他們迸發的生命能量，同樣令人驚嘆。

小文，三、四歲時來到瑪利亞。她屬於肌肉低張型的腦性麻痺，全身癱瘓無力，只能整天躺在床上。像這樣有嚴重肌力障礙的孩子，完全無法控制自己的肢體，甚至手指張握、嘴巴開閉，也不能隨心所欲地動作。

教保員耐心幫小文訓練肌力，一年又一年，她可以抬頭了、能翻身了、坐得穩了……；二十年後，她坐在輪椅上，自己慢慢推著往前進。

小文媽媽後來擔任家長會會長，幫了瑪利亞許多忙。

東東，一個月大的時候檢查出腦性麻痺，伴隨肌力障礙，屬於肌肉高度張力型。這類型的孩子，全身像是被一束線串拉得又緊又硬，頭部總是後仰、四肢和軀幹伸得直挺，嘴巴則大大張開。

林網市是東東的第一個教保老師，她還記得東東剛到瑪利亞時的模樣。那時候，東東兩歲半。「食物要進到他口中，是多難的事情，」林網市和治療師想盡辦法、用了各種進食輔具，一年半後，東東靠自己吃下人生第一口飯。

「我們看到都流下眼淚，」林網市說，但是東東笑著，彷彿在問：你們哭什麼？有一天，媽媽發現東東喜歡畫畫，雖然筆下只是直線和曲線，但這時候他的神情特別專注。媽媽開心地和老師分享這件事，大家都覺得可以幫東東發展這個興趣。

教保員請師傅特製加粗筆桿的畫筆，讓東東無法緊合的手掌握得住。東東的肩膀無法抬高，老師便輕輕托住他的手腕與手肘關節，協助他伸出手，並且幫忙擠出他想要的顏料。東東幾乎每天都要畫上一個小時。他用色大膽繽紛，被大家暱稱為「畢卡東」。

搏得這個封號，東東非常高興，嘴咧得更開，卻又有點羞赧。

「誰說我們沒有成就感？」林網市用雙手比著東東小時候的身量，又張開兩臂，爽朗地說：「我們把他從這麼大，養到這麼大。」

東東的媽媽，也不再有當初得知孩子生病時的驚慌和害怕，她感謝瑪利亞的老師：「有人願意為孩子做到這樣，是很不容易的事。同樣一份薪水，他們可以坐在辦公室吹冷氣，不需要在這裡為別人的孩子把屎把尿。」

如今東東二十幾歲，是瑪利亞的專屬畫家。

有一年，為了「極重多障服務大樓」募款計畫，代言大使Hebe來到瑪利亞學園，擔任一日志工老師，陪伴孩子認識花。東東代表大家，畫了一幅恣意綻放的花草，送給Hebe。

瑪利亞為了感謝捐款人，有一年過年特別製作「豬事平安年紅包袋」，東東也一起揮毫，六款袋面圖畫之一「心花」，就是他的創作。

生理的世界，可以借助復健和輔具來改善；心理的世界，則要透過溝通來學習、成長。只是極重多障的孩子多半言語困難，如何和他們溝通？

「小兒科醫師的特質就是，病人不需要講話，你就認識病人，」莊宏達笑說。

嬰兒出生後，直到四、五歲能清楚溝通之前，小兒科醫師必須藉著各種觀察、檢查，去發現他們的病痛與感受，中醫甚至將小兒科稱作「啞科」。要了解極重多障的孩子，也是如此。

他們的聲音、眼神、肢體動作、肌肉強度，都是一種溝通方式，只要用心，就能找到和他們連結的管道。

腦性麻痺的小光，沒有行動能力、沒有口語表達能力。三歲來到瑪利亞啟智學園時，他雙眼炯炯有神，看起來很聰明，但是經常尖叫、哭鬧，媽媽束手無策，成天繞著他團團轉。

啟智學園主任李琇菁經驗豐富，她知道，孩子是因為無法與外界溝通，才會用這些原始反應來表達情緒。

幸好，溝通並非只有口語一種方式。

李琇菁先理解小光的聲音、表情、動作，究竟想表達什麼；建立信賴關係後，她開始使用溝通板做為輔助工具，讓小光透過眨眼、移動眼球，表達是或不是、要或不要、還要或生氣。同時，她也教小光媽媽學習這套方式。

能夠溝通之後，小光改變了，親子關係也和以前截然不同。

有一天，小光和媽媽去逛寵物街，成功買到想要的烏龜，而且取名「恐龍」。怎麼做到的？透過溝通板慢慢建立理解，大人提出了更貼近孩子心意的問題與選項，孩子就能充分表達自己的想法。

有一年耶誕節來臨前，大家開心地想像自己將收到什麼禮物，小光卻神情慨慨透過溝通板，他告訴老師：「我不要那些禮物，我想要一雙鞋。」

為什麼？

「媽媽幫妹妹買鞋，讓她走路。我想和妹妹一樣走路。」

這個答案讓李琇菁感到心酸，但是能幫助孩子順利表達心事，又是多麼值得欣喜。不過，一開始李琇菁並不這樣想。

她在美國華盛頓州立大學專攻聽語科學，回台灣後，在長庚醫院擔任語言治療師，後來才到瑪利亞。這個轉換，對她造成極大衝擊：「前三年，我幾乎都處於挫敗的狀態。」

以前在醫院，她看到病人就是看到「病」，既然是病就要治，也能治好。可是瑪利亞的孩子，她再怎麼努力也治不好，何況還要教？

「我被莊醫師洗腦十年，徹底翻轉了對障礙的觀念，」她說，「什麼是障礙？我們是多數，他們是少數，世界依照我們的習慣而建立，所以他們有障礙；如果有一天狀況相反，他們是多數，我們是少數，環境全按他們的需要而造，那麼有障礙的就是我們了。」

莊宏達從人本角度看這些殘障孩子，他看到的是「人」，不是「病」。既然是人，教導的目標便是，讓這些孩子能如他人一般生活著。

從這個精神出發，李琇菁豁然開朗，「我們的孩子不能用一般方式參與社會，但是，我們可以創造環境，把現實帶到他們的生活中。」

在啟智學園，成年的身心障礙者每天都要「上班」。每個人在他們力所能及的範圍工作，攪拌食物、搖搖鈴鐺……，月底的時候按個人貢獻領薪水。

工作賺錢當然要花錢享受。因此，發薪水這一天，啟智學園特別熱鬧，有時候是雞蛋糕老闆將攤子搬來，現點現烤；有時候是養樂多阿姨來賣飲料；或者大家點餐，請 Uber Eats 送進來……

莊宏達將基金會以瑪利亞為名，還有一個期待。

在《聖經》中，耶穌開始傳道後，曾經陪瑪利亞參加一場婚禮。喜宴開始，主人家卻發現預備的酒不夠。瑪利亞請耶穌幫忙，耶穌說：「我的時間還沒到。」但是瑪利亞對他有信心，於是耶穌行了第一次神蹟，將水變成酒。

「在基督徒眼中，聖母是最強大的代禱者，」莊宏達將這些脆弱的孩子交給聖母瑪利亞，拜託她在天上，向天主祈求，就如同她當年陪伴耶穌一樣，從出生到死亡，不離不棄。

而在人間，莊宏達也將盡一切力量，陪伴孩子們體驗世界。

06

你所需要的，你已經擁有

農曆過年前夕，冷冷的大街上，不時響起準備放假過節的歡聲笑語，這卻是莊宏達一年當中最憂愁的時刻。發完員工的年終獎金，基金會的資金已經見底。捐款會像過往一樣及時進來，讓新的一年順利開展嗎？

瑪利亞剛成立的最初幾年，莊宏達幾乎都在這樣忐忑不安的心情中度過。

這一天傍晚，莊宏達從診所走回家，斜陽將他的身影愈拉愈長，彷彿沉沉的重擔不斷增加。瑪利亞的資金不足，他為了管理基金會排擠掉許多看診時間，使得莊小兒科的收入也隨之減少。

吃過晚飯，他和太太來到客廳坐下，一起商量解決辦法。想盡各種可能性之後，他們決定賣掉診所附近一間做為教室的小房子，用售屋所得來彌補短缺。

很多人敬佩莊宏達夫妻的犧牲與愛心。

「沒那麼嚴重，是因為有診所又要照顧特殊孩童，資金周轉不過來，」莊宏達急著澄清，「大部分人無法想像，醫師有時候也是很窮的。」

在這樣入不敷出的艱難狀況下，莊宏達又接到一份請託。

⁂

瑪利亞的孩童逐漸長為高壯的青年，他們的父母卻隨著老去，頭髮花白、肩膀佝僂，即將抱不動自己的孩子。他們盼望，有生之年，能看到弱病的子女在一個安全舒適的地方居住，老了也能得到安養。

在人生向晚時分，舉目四顧，這個心願可以交託給誰？

不是至親家人。兒女、手足，有自己的人生與家庭，早已漸行漸遠，成為手機上的一組號碼。

只有莊宏達，陪伴他們走過山高水長。

莊宏達很快就點頭了：「那時候不知道二十四小時照護家園有多困難，就答應和家長一起努力了。」

他們單純地決定打造一處理想家園，照顧百位需要全日照護、重度以上的成年身心障礙者。

沒有人預料到，這一步踏出去，就是十二年的苦鬥。

一九九二年，大家開始尋覓適合的建園處所。

剛好，學園家長會會長周秀珍的哥哥，在霧峰有一片兩千多坪的土地，願意低於市價賣給瑪利亞，大約一千五百萬元。但是，對於莊宏達與基金會來說，這仍是一個充滿挑戰的天文數字。

自從成立基金會以來，募款金額大概只夠運轉一年，若要說存款，最多就是成立基金會的資金，一百萬元。如果加上莊宏達的個人存款，家長、朋友再捐一些，也許勉強能湊到兩、三百萬元。這已經是預算的極限了。

家長、董事極盡全力要促成這件事，紛紛貢獻自己的人脈。莊宏達不善經營人際關係，於是由個性活潑的陳愛椿出面，跟著他們去拜訪朋友，四處募款。

大家鬥志高昂，不斷想著可以多做點什麼。

一九九四年五月，瑪利亞第一次在台中市民廣場舉辦園遊會。當年市民廣場或許不如現今熱鬧，但已經綠草如茵，是市民假日最愛的去處之一。

園遊會在母親節前後舉辦，這一天，瑪利亞全體動員，從老師到家長，炒麵的炒麵、煮紅茶的煮紅茶，竟然號召到萬人參與，從此持續了數年。

老一輩的同仁記得，五月的台中總是陰雨綿綿，唯獨瑪利亞園遊會這一天，雨被收了回去，碧空如洗，草地更顯青翠。

這是當時瑪利亞最大的募款盛事，但是莊宏達內心有數，一場活動扣掉成本，其實募不了多少錢：「大家都很辛苦，只是熱鬧而已。」

沒想到，一個月後，一支公益廣告就讓基金會資金從幾百萬元躍升到幾千萬元。廣告裡，當紅明星林志穎與瑪利亞孩子親切互動、愉快地遊戲，臉上洋溢著燦爛的笑容，其中還有莊宏達幫孩子復健的畫面，那專注的眼神與輕柔的動作，傳遞出無言的愛。

同時，輕快的旋律唱著：

「瑪利亞的天使　瑪利亞的天使　讓愛永不止息………
有一些天使急著來到　這個世界
飛得太快　飛得太快　他的頭兒暈了　他的翅兒彎了
有一些天使急著來到　這個世界
勇敢前進　努力飛翔　不怕風雨阻擋　心中有愛都一樣
喔……喔噢　不一樣的天使　需要比別人更多愛

喔……喔噢　不一樣的天使　牽他的手走向未來
瑪利亞的天使　瑪利亞的天使　讓愛永不止息……」

只在影片最後帶出瑪利亞的訴求，完全沒有悲情形象，在當時是全新的概念，讓社會大眾眼睛一亮。

這個令人驚喜的成績，其實從一九九三年起，甚至是更早的一九五三年，就開始醞釀。

一九九三年年底，莊宏達意外接到一通詢問基金會募款的電話，電話那頭，是久違的少年友伴。聽著對方溫暖的關懷，往事一幕幕在他眼前浮現。

大約在一九五三年，莊宏達念小學時，教會裡來了一位八歲的孩子林慶堂，他的行為有些叛逆，但是莊爸爸仍然讓自己的孩子跟他一起參加主日學、一起在耶誕節表演話劇。

林慶堂是遺腹子，跟著養父母生活，莊爸爸的接納與莊宏達兄弟姊妹們的陪伴，撫平了他心中的傷口。高中畢業後，林慶堂住進莊宏達家，幫忙百貨行的生意，閒暇時也會陪著他們玩。

莊宏達記得那段時光，「他就像是我們的家人，不論過了多久，我們兄弟姊妹還是跟小時候一樣，叫他大哥。」

林慶堂後來到台北發展，成立九九傳播公司，依然跟莊爸爸保持聯繫。有一次，他聽莊爸爸提起「阿達在照顧一些憨憨的孩子，你認識比較多人，能不能問問那些大老闆可不可以捐款……」，於是請妻子鍾雲如幫忙。

鍾雲如負責公司的廣告創意與拍攝企劃，她堅持見過莊宏達再決定。

兩週後，他們約在台中一個小茶館見面。鍾雲如記得，遠遠的，一位男子帶著微笑，雙手捧著布包，靜靜等待他們夫婦到來。

坐下來後，莊宏達把布包放在桌上。布包包得細膩工整，他打開上面的結，把布攤平，然後把太陽餅與太妃酥兩個禮盒裝進紙袋裡，交給他們，說：「這是我們準備的小小心意。」

樸實誠摯的情意，彷彿透過那雙手，傳送到鍾雲如的心裡。

這次會面，似乎是一場與老友的相聚。鍾雲如發現，莊宏達在談話中，只是分享自己所做的事，不曾炫耀什麼成就，或強調某些困難，甚至沒有積極提起募款廣告，不像她慣常認識的一些人物，反倒是她好奇地東問西問，主動要求去參訪瑪利亞啟智學園。

學園裡，掛著認知圖卡、海報裝飾，猶如一般的幼兒園，孩子卻是重度障礙，有的癱軟躺著，有的因為肌肉張力而手腳扭曲，有的因為感官知覺失調而不停晃動身體……，但是教保員依然輪流抱每個孩子，耐心餵他們吃飯，安撫他們的情緒。

鍾如開始覺得，這裡和其他收容機構不一樣。

但是每間教室門口卻擺著一面全身鏡，鍾雲如感到困惑：「廁所有鏡子了，為什麼門口還要放大鏡子？莊宏達該不會相信風水吧？」

莊宏達看到鍾雲如佇立在鏡子前思考，於是來到她的身邊，向她解釋擺設的用意。

他說：「來瑪利亞的小孩子，大部分沒有辦法生活自理。但是我們教孩子學習生活自理，孩子們一到教室，老師就讓他們照鏡子，看看自己的衣服有沒有穿整齊、頭髮有沒有梳理好、扣子有沒有扣好，教他們注意服裝儀容。同時透過每天照鏡子，讓孩子熟悉自己的臉孔與身型，好好看自己、認識自己。我相信，這些看似普通的動作，可以讓他們學習愛自己。」

這一刻，鍾雲如被深深打動。

當時的社會，一般大眾看到身心障礙的人，基於不忍心、不理解等各種原因，通常會有意無意地避開他們。但是莊宏達對待身心障礙兒童如同對待一般孩子，尊重他們，也讓他們學習尊重自己。

鍾雲如單刀直入地問：「你需要多少錢？」

在莊宏達還無法說出一個數字之前，她已經在腦海裡尋找各種資源。

那時，瑪利亞的知名度不高，在商業聚集的台北更是鮮少聽聞。如果找大企業老

闊捐款，雖然金額多，但是只能拜託一、兩次，難以長久，鍾雲如採取大眾小額捐款的策略，每個人捐的錢也許不多，但是積少成多，而且能不斷持續。

運用自家傳播公司的資源，鍾雲如打算為瑪利亞製作電視廣告，而且配上創作歌曲，吸引一般人。

鍾雲如思考著，「當這些身心障礙者被異樣的眼光看待時，他們的內心在想什麼？如果我是他們，會有什麼感受？若我是身心障礙者的家長，我會覺得愧疚嗎？」

她的堂哥是身障者，小時候常用腳跟她下棋。她能夠體會堂哥單純的心願——就像大多數人一樣，能和好朋友一起玩，就滿足了。

鍾雲如喜歡寫詩，這次她寫下〈不一樣的天使〉，然後請來民謠歌手葉東安，譜了琅琅上口的旋律，營造歡欣正面的氛圍，又找到知名經紀人夏春湧幫忙，請他旗下的當紅明星林志穎拍攝廣告。

廣告製作完成後在電視上播出，長達半年，成功為瑪利亞打出知名度。

莊宏達從沒想過，媒體廣告的效果如此驚人。他非常感謝林慶堂與鍾雲如的創意及巧思，他和家長絕對想不到這些方法。他笑說：「之前募款都是找厝邊隔壁，哪知道要往外去。」

除了擦亮形象、提升募款效益，這支廣告影響深遠。

一方面，它開啟了瑪利亞的名人代言模式，此後三十多年，陸續有影藝圈的大小S、梁詠琪、楊丞琳、蔡依林、林心如；文化界的沈芯菱、沈春華、洪蘭、郝廣才，以及藝術家吳炫三等，為瑪利亞持續發聲。

另一方面，它首開公益團體在電視曝光的先例，進而激發其他機構學習，找到和社會溝通的新方式。

就在家家戶戶的電視裡響著「瑪利亞的天使　瑪利亞的天使　讓愛永不止息……」之時，秋風漸起。家長靈機一動，提議：「來賣月餅？」

看起來是不錯的建議，中秋節家家必然要吃月餅。一群沒經驗的家長、老師興致勃勃，開始分頭找人脈、做宣傳。

莊宏達的妹婿在彰化開糕餅店，頗有口碑，他請店裡的師傅來指導；又有人聯繫台灣精密機械龍頭公司台中精機，台中精機當年也製造大型烤箱，願意無償將試用教室借給瑪利亞。

瑪利亞的員工和家長開始排班，從紅日當空到披星戴月，總有人在台中精機埋頭做月餅。

朱麗宜負責到彰化學手藝，回來教大家，她始終忘不了當時的情景：「第一年，我們根本是硬做，做到半夜三點，家長會會長周秀珍在烤爐旁打瞌睡，敏珊的爸媽也一起熬夜，還送我們回家。大家隔天還要上班，卻都有體力和毅力撐下去。」

阿泰媽媽也是其中一員，每天早上，她把阿泰送到瑪利亞後，就趕去做月餅，下午接阿泰回家後再做家事。雖然忙，但是做得很快樂，她說：「這是在為我的孩子做事，我們很想、很需要這樣一個地方。」

一九九四年九月，瑪利亞月餅上市，口耳相傳，賣出兩千盒。這樣持續四、五年，這個借用的烘焙房才宣告結束，瑪利亞買了烤箱，回到自己的地方擴大經營，餅乾、蛋糕、麵包，一一出爐。

兩年的時光，在社會大眾的愛心支持下，瑪利亞於一九九四年買下了霧峰峰谷路旁的農地，而且尚有餘款。

不過，土地變更還在膠著之中。

霧峰的土地原來是農地，必須申請改變為社會福利用地，雖然一切依照法規進行，前後仍然花了三年多。陳愛椿說：「那時我常到市政府去堵人，最後蓋了七十幾個章，才完成變更。」

眾人開心地向下一個目標前進——為霧峰家園的建築物募款。卻沒想到，一把烈火從基金會大本營燒了起來。

一九九六年，五權七街啟智學園的屋主計劃賣掉房子，因為瑪利亞已經承租那裡一段時間，他優先詢問莊宏達的意願：「三千萬元，你要買下來嗎？」

莊宏達明白自己不可能負擔得起。他憂心忡忡：「不是每一位房東都能包容身心障礙者，願意把房子租給我們。我的園生將近兩百人，老師七、八十人，短時間內，我能將他們帶去哪裡？」

家園可以等候預算到位再興建，啟智學園師生卻不能一日沒有校舍。房東無法等待太久，瑪利亞的同仁、家長分頭尋找去處，始終沒有傳出好消息。

天空的飛鳥尚有枝頭可以棲息，可是這些人，能駐足何處？

焦急中，三個月倏忽而過。

某一天，園生的爸爸廖瑞謀得知這個困境，伸出援手，慷慨提供市政路旁六百坪未開發土地，讓瑪利亞基金會無償使用十年，只要代為支付地價稅即可。

有了土地，校舍的營建也獲得助力。

建銘營造總經理劉俊弘創業之前，有一年突然收到好友通知，說幫他簽了一張支票捐給瑪利亞基金會。劉俊宏不曾聽過瑪利亞，頓時感到好奇，這到底是什麼機構能讓朋友這麼積極？

他找了時間來到五權七街，一個人悄悄參觀。

透過窗戶，他看到室內有一位先生跪在墊子上，指導老師為特殊孩子復健。那慈藹專注的神情，讓他久久無法移開視線，最後竟然在那裡站了十分鐘。

那位先生發現了，來和他打招呼。當劉俊弘知道這位先生是創辦人莊宏達，而且是一位醫師時，「我立刻跟莊醫師說，我來當你的義工，」他說，「醫師願意放下賺錢的工作來做這樣的事，很不容易。」

此時瑪利亞需要興建市政園區，劉俊弘主動擔任顧問，協助提升資源效益，後來瑪利亞興建霧峰家園，劉俊弘即以公司之力投入，完全不收取人事費用及工錢。

原來，答案就在身畔。

籌建家園悄然進入第七年。

一九九九年，熱烈的競選活動隨著夏天暑氣一波波升溫，為霧峰家園建築物募款帶來另一個高潮。

這一年，雖然離第二次總統直選之日還有一年，但是直選總統的獨特意義，使得政黨競爭史無前例地白熱化。

五月二十一日，第一任民選總統就職三週年，瑪利亞在台中晶華酒店舉辦募款餐會，大膽推出一席一萬元、一桌十席的規格。

正是兩黨都恨不得抓住所有機會曝光的時候，象徵公益的瑪利亞餐會引起雙方踴躍參與，並且發動各種關係來支持。國民黨籍的外交部部長胡志強、台中市議會議長張廖貴專，民進黨籍的台中市市長張溫鷹、立法委員蔡明憲，都在晚宴中現身。

星光燦爛的這一晚，總共開了七十幾桌，募到一千萬元。負責媒體公關的陳麗娟說：「那一場餐會，是瑪利亞有史以來最盛大的募款活動。」

資金到位，莊宏達也與建築師擬定了建築設計藍圖，營造團隊準備動工。

突然一陣劇烈搖晃，天地轟隆作響。

一九九九年九月二十一日凌晨，台灣發生芮氏規模七．三的大地震。不到兩分

鐘，無數房屋成了斷垣殘壁，許多人面臨生離死別。

台灣與世界各地前來救援的物資、人力，集中到重災區的中部，莊宏達將瑪利亞市政園區的廣場，開放給這些捐助物資放置。

看著眼前的亂象，他的內心浮現更深的恐懼及感恩。

「如果霧峰家園的建案計畫沒有拖延多年，那辛苦蓋好的建築一定全部倒塌。如果已經有園生入住，後果更加不敢想像，」他吸了口氣說，「因為霧峰家園離地震斷層帶僅一公里多，保留震災廢墟的九二一地震教育園區，就在附近。」

莊宏達說，之前他一心一意想要加快進度建好霧峰家園，此刻他才恍然大悟：「一切都是神的眷顧與安排，對我來說，是上天顯現的奇蹟。」

雖然躲過地震，瑪利亞卻得面對災難帶來的經濟傷害。

各個災區開始重建，因為到處都在蓋房子，鋼筋、砂石等建材價格紛紛上漲；另一方面，因應新法規，也得加強梁柱的抗震力度、建物的防震結構，建築所需費用大幅提升。

瑪利亞好不容易湊足的預算，放在當時的物價中已經遠遠不足。霧峰家園在二〇〇〇年年初開始動工，到二〇〇二年結算費用，比原先估計多了兩千萬元。這意謂著，瑪利亞欠缺了兩千萬元建材費用。

莊宏達心急如焚，「如果經費缺口兩百萬元還好，兩千萬元要怎麼填補？」可是，嚴峻的情勢還在加劇。

地震在各地傳出災情，台灣陷入蕭條與餘悸當中，社會捐款減少三成，政府也縮減了機構行政人員補助人數。

瑪利亞遇到重重打擊。

一向視金錢如浮雲的醫師，此時得扛起沉重的財務包袱。

「我的頭髮就是在這時候開始變白，」那段時間，莊宏達日日憂心，「以前一個診所，每月支出二、三十萬元，我還有辦法，如今基金會動輒幾千萬元支出，實在壓力很大……」

莊宏達無奈，為了度過難關，將同仁的薪水調降百分之十至二十，各單位遇缺不補。隔年情勢改善後，薪水才調整回去。

當時許多企業採行這個辦法，但至今他仍為減損同事的權益而不安，「我不知道有沒有做錯……」

瑪利亞努力發出霧峰家園經費不足的消息，同時，鍾雲如邀請梁詠琪代言，再次向大眾求助。

陳麗娟也絞盡腦汁尋找辦法。

她放眼台灣相關資源，覺得唯有7-ELEVEN的愛心零錢箱，有能量補上那個兩千萬元的缺口。那時全省的愛心零錢箱約有四千個，雖然消費者每天只投五元、十元，累積起來卻能突破千萬元。

瑪利亞投遞書面資料後，經過半年審查，第一階段通過，接下來是會面報告提案內容。

想到要面對這麼大的企業，團隊緊張了許久。踏進會議室後，沒想到，梁詠琪的代言廣告已經引起對方注意，不必費力說服，統一超商就決定讓全國7-ELEVEN櫃台前擺放的愛心零錢箱，為瑪利亞專款募款半年。

家長們聽到消息後都非常高興，不時跑到住家附近的便利商店，關注零錢箱的狀況，並且跟瑪利亞回報：「某某家的零錢箱，可不可以放在更顯眼的位子？」、「某某家的零錢箱快滿啦！」、「某某家的零錢箱只有一點點，我要趕快去投錢，引起多一些注意……」

來自各地的零錢如涓涓源水，匯聚成海，補足了經費缺口。大家期待多年的願望，終於可以實現。

二〇〇三年，座落在群山懷抱裡的霧峰家園，正式啟用，守護著身心障礙者與他們的家庭。從黑髮到白頭，莊宏達終於呼出一口氣，嘴角漸漸勾起。

07

不動心，百練自得

清晨的「武德館」，空寂無人。

莊宏達穿著劍道服，緩步走到館長所屬的位置，將頭盔、手套、竹劍，按相對位置一一擺放在前方。

整理好一切，他正襟跪坐，手指在腿上併攏，然後，閉目，調息，冥想。

窗外的陽光穿過婆娑綠葉，灑進室內，落在他身上。巍然不動的身形，猶如歸入天地的山石，安靜卻凝聚。

莊宏達念大一下學期時，高醫成立劍道社。他一向對武術運動有興趣，於是當下就加入，成為第一期學生。

因為幼年時體弱，莊宏達從小就習武強身。他的老師尹千合，是隨國民政府來台的山東武術名家，在彰化開武術館，後來移民美國，在中西部發揚武術，中、外學生很多。他著作並示範的《太極拳》及《驚虹劍術》，被武術喜愛者珍藏，更隨學生擴展被譯成英文版、日文版，流傳海外。

尹千合後來成為莊宏達的姑丈。因為這層關係，一度停止習武的莊宏達，又學了太極拳、太極劍、三才劍。

劍道社請來的指導老師黃煥彬，也是劍壇名人，而且師門淵博。

日本武道家宮本武藏編創「二天一流」門派之後，第八代傳人青木規矩男，在二次大戰期間來台灣教授劍道，黃煥彬即是受他器重的台籍弟子。

大戰結束，政府將在台灣的日本人全數遣返，並且規定他們不得攜帶任何武器

莊宏達（左）在高醫求學時加入劍道社，並將從劍道領悟到的精神，應用在日後人生的鍛鍊中。

上船。當時，青木隨身帶著流派的掌門人信物，即宮本武藏練武的木刀，他擔心被沒收，於是交給黃煥彬保管。

這把刀長一〇〇．五公分，正、反面分別刻著「寒流帶月澄水鏡」、「實相圓滿之兵法」，是一六三三年宮本武藏五十歲時所打造。二十歲出頭的黃煥彬，接下這份遠超過他經驗的責任與信任，慎重收藏。

政治動亂風起雲湧，歲月仍然靜靜流淌。

十三年後，局勢穩定，青木再度來台，黃煥彬將木刀完璧歸還，此舉被傳為國際美談。

中央社在一九五八年七月十日的報導，為這一幕留下珍貴的紀錄，「當他拿回這柄刀時，以極愉快欣喜的語調說：『這是一柄寶刀，我將帶回日本，讓我的子弟都有瞻仰的機會，並將它一代一代永遠地留傳。』」

這把刀後來被日本政府認定為國寶，不得再出國門。可見黃煥彬的完璧歸還，對日本武術道甚至整個國家有多麼珍貴。

黃煥彬是高雄地區劍道代表人物，曾在漢城「國際社會人劍道世界大會」演武關口流拔刀術，極為轟動。拔刀術又稱居合道，是劍士快速出刀攻擊的技術，也是致勝的關鍵。

到高醫傳授劍道，是他第一次進入校園教學。

黃煥彬喜歡帶學生在戶外練習。高雄常年豔陽高照，每到社團時間，這群年輕小夥子就穿上劍道服、戴上頭盔，在烈日下吶喊、劈劍。這一道勇武的風景，吸引許多學生圍觀，外人看他們威風凜凜，護具下的人卻猶如置身蒸籠中，大汗淋漓，實在苦不堪言。

「那時候最期待下雨，就可以休息不練，或者移到室內練習，」莊宏達回憶學生時代那又愛又怕的心情，不禁發笑，卻更感謝那段時光所操練出來的韌性。

在高醫《社團史話》中，劍道社學生留下對黃煥彬的懷念：「購買劍道護具是經濟上一沉重負擔，所以郭宗波院長與黃煥彬老師，募捐來了十套劍道護具給社團使用……，社團的核心人物，便是指導老師黃煥彬老師。黃煥彬老師在劍道上的修練，深深讓學生敬佩，那順暢且漂亮的動作，吸引社員們。而大家在黃老師指導下，感情也非常和樂。」

莊宏達在大專盃段外組打到第三名，不過，他搖頭說，剛學的時候廢劍很多，「年輕時只會靠體力不斷攻擊，就是一直衝衝衝。」

大學時期，莊宏達練劍頗為勤快，寒暑假返家，還到彰化劍道名師陳川鏡的劍道場上課。

陳川鏡從台大法律系畢業後，開了在地知名的「南方書店」，在一九七〇年第一屆世界盃劍道比賽獲得團體組第二名，可說是現代「儒將」。

後來莊宏達踏入社會，遇到不了解的人與事，常去請教老師。陳川鏡心胸寬闊，樂於提攜年輕人，總是願意撥出時間為他分析為人處世的道理。

師生建立父子般的情感。莊宏達自己開業時，陳川鏡除了贈送木匾招牌，又給他無息借款添購設備；莊宏達也成為陳川鏡的家庭醫師，直到老師去世。

⁂

隨著開業看診的忙碌，莊宏達幾乎中斷練劍，偶爾有時間，才到陳川鏡的劍道場揮幾劍。

來到台中後，工作愈累，他愈懷念年少時練劍後的身心暢快，於是開始帶著幾個同事練習，不過也是興之所至，隨意而為。

直到他從中風昏迷醒來，才將劍道重新規律地列入生活日常。

當時，霧峰家園開始興建，莊宏達心想，如果再拿個復健科專科醫師執照，照顧身心障礙者將會更名正言順。

莊宏達雖然曾在台大接受復健訓練，但是一九八六年《醫師法》修訂，規定「非領有專科醫師證書者，不得使用專科醫師名稱」，而且必須完成專科醫師訓練，才能取得專科醫師證照。這意謂著，莊宏達要取得復健科醫師執照，必須從住院醫師開始做起。

這一年，莊宏達五十四歲，依然想做就去做。

他向瑪利亞董事賴惠貞提起自己的想法。

賴惠貞當時是豐原醫院復健科主任，願意幫忙讓他當復健科住院醫師，以便有機會取得專科醫師資格。

莊宏達很高興，關掉診所就去報到。他全心在照顧孩子，完全忘記歲月飛逝，自己早已經不是剛從醫學院畢業的年輕人。

莊宏達雖然創辦瑪利亞基金會，又在一九九七年獲得第七屆「醫療奉獻獎」，但是性格低調，外界不是很多人認識他。他也不介意，默默處在一群小他一半歲數的醫師之間，打趣自己：「我被人家笑，說有個老醫生來做住院醫師。」

對於工作，莊宏達早已盤算好，除了白天在復健科上班、晚上輪值，還能再抽時間處理瑪利亞的事務，雖然負擔不小，但是應該可以面面俱到。

這樣猶如陀螺快轉半年，他倒下了，在一個假日被送進急診室。

醫師判定是小中風。

莊宏達昏迷了三天，才逐漸意識清醒。他說：「我趕快投降，退下來，就接受自己的有限吧！」

雖然休息之後身體無恙，不過，他也意識到健康的重要，想要重拾練劍的習慣。

他計劃將學園的活動教室當作劍道場，詢問黃煥彬的意見。當時年近八十歲的黃煥彬，推薦年輕劍友張傑泰來擔任教練，有兩年時間，老先生還每週從高雄到台中指導他們。

黃煥彬於二〇〇二年過世，中華民國劍道協會追封他為「劍道九段範士」，是劍道界極少數被稱為「人格者」的劍士。

武德館可以說是師生情誼的延續。莊宏達效法黃煥彬的精神，義務推廣劍道，一開始完全免費提供場地，是劍友堅持分擔，才終於收年費一千五百元。

室外傳來低沉的腳步聲，是劍友陸續到來。

各人按照禮儀，在各自位置正坐、冥想。待總教練、教練進入，眾人行禮之後，便響起踏步、斥喝及竹劍撞擊的聲響。

對陣中，莊宏達雙手持劍，高舉，「赫！」一聲劈下，疾步前進，再舉劍，斜角而擊。中場休息，拿下護具，這位七十歲劍士滿面紅光，眼眸湛亮。

一開始他是為了鍛鍊體力，後來沉心修練的則是精神，譬如劍道中所稱的「不動心」。不動心意謂著：無論對手強弱、局勢變化，態度都要如常，不能隨之起伏。

張傑泰是七段教士，擔任武德館總教練，他解釋，武術上的不動心有三個層次：平時練習不動心、比賽對決不動心、真刀廝殺不動心，「尤其後兩者，經常是攸關團隊與生命的時刻，劍士心態難免變化，但變化愈少愈容易贏。要培養不動心，首先是建立自信心，其次就是不斷練習。」

當劍士舉劍劈斬時，「不動心」所具體展現的，是主動的逼迫。

另一位教練林志忠是六段鍊士，在武德館練劍已經十幾年。他說，和莊宏達對打時，自己一刻都不敢放鬆，莊宏達那種身體的壓迫、氣勢的壓迫、聲音的壓迫，非常驚人，「莊醫師的劍風令我印象最深刻的是，永不放棄，主動出擊，不畏對象，全力以赴，而且氣勢凌厲。」

莊宏達把這種修練應用在日常中，「工作中有時候面對很多變化，要沉著觀察，必要時給它迎頭一擊。」

這一點，他在陳川鏡身上學習良多。

莊宏達說，在對打中，陳川鏡老師不會隨對方起舞而亂揮劍，他一貫以竹劍中段進逼，讓對手無處可擊，等到對手出劍攻擊而露出破綻時，才展開凌厲攻勢。而在生活中，他待人和氣講理，遇到不滿意的事情也僅指出不對之處，絕對不會情緒性批評或謾罵。

從劍道場到為人處事，陳川鏡是他練習不動心的典範。

另一個莊宏達體會深刻的心得，是「百練自得」。它的意思是，不必關注輸贏，只要不斷練習，自然能提升能力。

提升劍道的唯一方法是身體力行。「知到」之後，在不斷練習中掌握訣竅、化成習慣，才可能「做到」。

「人生的鍛鍊就是如此，」莊宏達喜歡這樣融入生活的修練，「誠心投入每個生活細節，用行動自我修行，不是用言語譁眾取寵。」

有一天，道館來了一位特別的學生，牛牛，當時念小學三年級。

牛牛是瑪利亞的孩子，罹患先天性心臟病法洛氏四重症，出生時嚴重缺氧，造成中度智能障礙。不過大家並不知道牛牛的狀況，只以為館長收了新學生。

對牛牛能否進道館學劍，媽媽原本只是姑且一試，不敢抱太大希望，「我知道莊醫師有劍道社團，剛開始不敢自己詢問，因為我們常常被才藝社團拒絕。」

牛牛媽媽沒想到莊宏達真的答應了，反而不敢置信地在心裡嘀咕，「莊醫師，你有沒有搞錯？你怎麼敢收這麼麻煩的孩子？」

「一方面參與正常活動，一方面藉著劍道練習，培養自信心，」莊宏達很清楚牛牛練劍的好處，因此毫不介意麻煩。

他沒有告訴大家牛牛是特殊孩子，希望牛牛如同一般人和眾人相處、練習。劍道五段的莊宏達，自己擔任牛牛的練習對象，讓牛牛一直打。十歲的初學者不會控制力道，也常打到不該打的地方，莊宏達身上經常青一塊、腫一塊。

「莊醫師做為人形打擊台，不厭其煩教牛牛，鼓勵他，找到適合個別孩子的學習方式，」林志忠是少年矯正學校的教誨師，耳濡目染中，效法了莊宏達對待特殊孩子的態度：「我以前對待犯錯孩子的觀念是嚴格懲罰，剝奪當事人的部分自由，現在包容心比較大。」

「老師本來就要被學生打，這樣學生才有信心，」莊宏達笑說，「以前黃老師也是這樣讓我們打。」

莊宏達剛學劍道時，黃煥彬已經六段，英武健壯、不厲自威，若真要對打，這群青澀的孩子根本碰不到他一絲一毫。但是黃煥彬總是刻意讓學生打到、又不讓他們看出這份刻意，每當被擊中，便開心地稱讚：「太厲害了，你打到了。」

「那讓我很有成就感，」莊宏達感念老師的慈愛，也願意這樣實踐。

後來大家看牛牛一個動作要學習很久，也就察覺了。教練開始暗自為牛牛保留空間，避免讓他有太大的挫折感。

這樣一週週練習，牛牛的確建立了信心。

剛開始，大家花許多時間幫牛牛穿裝備，耐心地重複教他一個動作。牛牛也沒有放棄，一直練習，兩年後，他學會自己綁頭套、穿護具；看到新加入道館的人，他會主動當小老師，告訴他們道場的規則。

牛牛的媽媽原本熱愛工作，卻辭職專心照顧孩子。看到孩子的變化，她含笑帶淚，覺得自己的人生雖不完美卻很完整。

「我原本以為，若是牛牛學到一半被退貨，也是正常，」她沒想到，牛牛從小三持續練到高中畢業，「其實，我都懷疑牛牛記得住嗎。可是，莊醫師不會因為孩子學得慢、忘得快而不教。不管牛牛做什麼，莊醫師就是鼓勵他。」

牛牛媽媽很慶幸孩子有機會在瑪利亞成長：「假如沒有這麼大的支持團隊，坦白講，靠家長自己單打獨鬥，孩子沒辦法長大。我再怎麼愛他，也沒辦法取代那些物理治療師、職能治療師教他的東西，我只能愛他、只能掉眼淚，我還能給他什麼？」

⁂

每週，媽媽都陪牛牛到劍道館，然後守在門外看他練劍，長達十年。道館裡發生的許多事情，莊宏達或許不曾放在心上，但是牛牛媽媽難以忘懷。

當時，牛牛還不會綁鞋帶，下課時，剛套上鞋子鞋帶卻鬆了，他就伸出腳來：「莊醫師，我的鞋帶掉了。」

莊宏達蹲下來幫牛牛綁鞋帶，綁好了，再檢查另一隻腳。

「我那時都快哭了，跟莊醫師說你不需要這樣，」牛牛媽媽說，「莊醫師只是笑著說，沒關係，孩子的鞋帶掉了。」

劍道教室釘著架高十五公分的木質地板，得脫鞋才能上去。有時候同時來了許多人練劍，大人、小孩的鞋子就擺在門外亂成好幾團。牛牛媽媽注意到：「莊醫師會出去，把鞋子一雙一雙排整齊。」

竹劍對擊的喀喀聲、腳步點踏的砰砰聲，終於徹底沉靜，練劍結束。眾人回到座位，拿下護具、放下手中的劍，再次正坐冥思。然後，莊宏達站起來，走到兩位比他年輕的教練面前，彎身鞠躬，感謝指導。

四十年劍道修為，道不只在劍上，也流顯在每一天的行為上。

08

如果我們的工作還有價值，就足夠了

進入梅雨季的台中，失去往日的舒爽，天空總是灰灰暗暗，似乎隨時就要來一場瓢潑大雨。

地方法院前，莊宏達望著遠方，身姿如松挺直，彷彿無畏即將到來的風雨。

霧峰教養家園在眾人期待與支持中誕生，這份溫情，卻在一個午夜被生生劃破。一位園生墜樓，家長將瑪利亞基金會董事長莊宏達、霧峰家園園長朱麗宜和夜班教保員，告上法庭。

二〇〇五年五月，偵查庭開庭，三位被告出庭應訊。

等待中，形形色色的人從身邊走過，莊宏達的感觸油然而生：「我這一輩子都沒想到自己要走上法院。」

認識莊宏達的人，可能都意想不到這一天。莊宏達過十字路口一定走斑馬線；製作CD使用音樂，不遠千里聯繫美國的作曲者；瑪利亞的團膳食材，得確認上游業者的資格才使用，這種守法態度，有時甚至被視為古板。

一同出庭的朱麗宜，聽到莊宏達的話也不禁感慨：「我也沒想到自己會走進法院，而且是因為照顧特殊孩子而被告。」

她口中的孩子，其實已經不是孩子。霧峰家園的園生都是十八歲以上的青年，因為大多數從五、六歲就進入瑪利亞啟智學園，對一路照顧他們的園長、教保員、治療師而言，他們如同自己的孩子，孩子再大仍然是孩子，所以總是忘記改口。

家園位於山坡上，四周是蓊鬱的樹木花卉，鄰居農家飼養的雞偶爾閒逛到門口。

一進門是採光充足的大廳，教室環繞著中庭花園，門一開，就能出去散步。這是莊宏達和設計師、營造專家，參訪台灣及日本養護機構後，精心規劃的無障礙環境。

朱麗宜做事細心負責，被莊宏達調派擔任園長。她照顧特殊孩童超過二十年，不曾思考這個任務是否艱難，一心只想：「哪裡需要，就去哪裡。」

從點頭接下任務那天起，朱麗宜便以霧峰家園為家，日日陪伴老師和園生。初時的園生就有幾十位，要同時照顧這麼多擁有三十歲體力卻只有三歲智力的青年，她不得不如此。

首先是每天三餐外加兩次果汁、點心的準備，必須針對每位園生的個別需求，提供不同的營養搭配、軟硬程度。

然後，就像餵自家幼兒一樣，教保員輕輕將一匙食物送進孩子口中，不小心嘴角流出湯汁，立刻用毛巾擦拭，用餐完畢，再將孩子的臉和手擦洗一遍，毛巾用過立刻送洗，絕不重複使用。

接著，為他們翻身、轉換位置，避免長時間壓迫相同的身體部位。

另外，每週都安排職能、物理、語言、音樂等治療師，輪流幫他們復健，維持身體功能。

清潔身體，是每晚都要進行的大事。教保員得為幾十個孩子洗澡、洗頭、換衣服，整理得乾淨清爽，沒有口水味和體臭。極重多障孩子的健康非常脆弱，霧峰家園全面採用中央空調，浴室特別補充暖氣，不怕洗澡著涼。

熟悉業界狀況的同行敬佩說：「許多全日型教養中心的契約書，一開頭就注明，一週只為孩子洗兩次或三次澡。不能接受就不要來。」

除了日常的起居照顧之外，因為莊宏達的堅持，霧峰家園的孩子還擁有完善的醫療診治。

莊宏達每週為孩子看診兩次，每兩個月做一次全園生的皮膚檢查。朱麗宜經常跟在後面記錄，她說：「莊醫師真的好愛孩子。他笑得很開心，溫柔地招呼他們，幫他們檢查身體，提出可以改進的事情。」

每個孩子返家之前與回來之後，莊宏達和護理師也會做全身檢查。

極重多障的孩子容易受傷，肢體擺放位置不對、水喝得不夠、忘記翻身，就會壓傷、生出褥瘡，因此雖然只是離開幾天，園方仍然慎重地追蹤他們的健康狀況，也提醒家長如何照顧。

小安、小全的爸爸，對這一點印象深刻。他說，有幾次假期回家，小安、小全抓癢留下痕跡，返回家園後老師就來問他，孩子身上為什麼有傷痕？他原本因為被懷疑而感到不悅，轉念一想：「我看到老師對孩子的關心。他們的細心，我很佩服。」

這天，一個女子被送到霧峰家園。女子三十幾歲，領有殘障手冊，又有嚴重的情緒問題，並不容易照顧。

但是對於需要幫助的人，莊宏達幾乎是零拒絕，而且霧峰家園有一個月評估期，可以觀察是否適合照顧這個病患，因此決定先接納她。

莊宏達回憶：「神父告訴我，一位霧峰教友的孩子需要幫助。這孩子車禍腦傷造成癲癇，經常有情緒行為。家長已經六十歲了，照顧得很辛苦。我想我們霧峰有機構，或許可以幫忙。家長來看過環境，也很滿意。」

朱麗宜理解莊宏達不曾說出口的想法：「他以愛為出發點，處處為別人著想，甚至是犧牲自己，也要成就這樣愛的事情。」

女子住進來後，發生大大小小狀況，嚴重時甚至出現狂亂行為，幸好都被經驗成熟的教保員安撫下來。

變故就發生在評估期結束之前，一個夜裡。

朱麗宜在值班室，一位同事如往常般在樓房間巡視，一位教保員陪伴這女子。沒想到，就在教保員離開的幾分鐘，女子爬上窗戶，越過欄杆，跳了下去。

朱麗宜接到同事通知，狂奔到現場。但是，女子已經過世。

莊宏達和團隊忍著悲傷，向家屬報告狀況，家屬平靜地接受了，沒想到，幾日後卻向法院提告，同時提出刑事及民事案。

開庭時間到了，眾人在審訊室裡坐定，看著法官、書記官緩步進來，走向高台上的主座。門一關，台下人的命運從此由他們掌握。

檢察官和律師開始輪番質詢三位被告。各種尖銳的問題撲面而來，夾帶著刀光劍影，莊宏達、朱麗宜和教保員非常緊張，深怕說錯一個字、一句話就誤導全貌，造成傷害。朱麗宜雖然內心憂慮，還能清楚表述，但教保員已經害怕到說不出話來。

朱麗宜嘆息：「我們都是單純的人，只是想在這裡照顧孩子，怎麼知道會發生這種事？而且不是因為我們做壞事……」

幾次出庭說明，檢察官並到現場勘查環境、設施，最後偵查庭宣判，莊宏達、朱麗宜獲得不起訴處分，教保員判處三年緩刑。

家長對這個結果不滿，提出上訴。

二〇〇八年最後更審，法院對莊宏達、朱麗宜維持不起訴，教保員判刑兩個月緩刑兩年、易科罰金四萬元。

民事最後以八十萬元和解。

「教保員被判緩刑，留下紀錄，我對她很抱歉，」莊宏達唏噓，「法官判刑原因是，事發時教保員不在現場。其實教保員很難一直在現場，我們按法規排班，不是一對一照顧，她得巡視好多人。」

瑪利亞支付完罰金、賠償金，長達三年的訴訟終告結束。但所有人與事，從變故發生那一刻開始，已經改變。

教保員幾天後就辭職，離開了瑪利亞，也離開社福領域。

朱麗宜從此難以入眠。她不停在夜裡巡視，深怕稍不留意就發生同樣事件；等到終於稍微放心可以休息，一閉上雙眼，那個駭人景象卻從腦海浮現。

這樣煎熬了一、兩個月。

雖然她一直感受到莊宏達的支持，但是心理壓力已經超過負荷，她只能提出辭呈，「我真的不行了。我不敢回到那個地方，甚至不敢走到那個地點。」

莊宏達不捨卻也理解：「麗宜老師是瑪利亞數一數二的好同事，所以才請她當園長。我相信她遭受的打擊很大，因為她認為，是在她當園長的時候發生這件事情，而且目睹現場，印象難以磨滅。」

每當在霧峰家園看診告一段落，中午休息的片刻，莊宏達總會走進靜謐的小教堂，或是佇立在中庭花園的聖母像前，殷切禱告，將這些哀傷的人與事，交託給天主看顧。

「我效法宗教家的精神來幫助人，但是辛苦的人不是我，辛苦的是照顧的人，承擔的是現場的同事，」他無比自責。

這份自責如巨石壓在他心頭，多年無法移開。

在霧峰家園，有精神障礙、情緒障礙的服務對象不少，多數還伴隨癲癇，隨時隨地都可能發生狀況。不過，已經收進來的個案，瑪利亞除了更謹慎照顧、提防意外，一時間也沒有更好的方法。

爽朗的林網市接手霧峰家園園長之後，想改變這個困境，但是，意外比方法來得更快。

有一對兄弟，四、五歲就到瑪利亞，哥哥是中度智障，在瑪利亞啟智學園接受照顧，弟弟是極重度智能障礙及自閉，有嚴重癲癇，生活完全無法自理，後來住進霧峰家園。兩人在瑪利亞待了二、三十年。

二〇〇八年一個下午，園生用餐結束，各自休息。弟弟回到臥室午睡，癲癇突然發作，緊跟著嘔吐而嗆到。同仁盡全力搶救，孩子仍然往生。

如同之前一樣，莊宏達親自帶著主管登門道歉，希望家長了解瑪利亞並非對孩子的意外無所謂。

這種道歉，對一位醫師來說極為少見。在醫院也難免遇上醫療的不確定性，但是病人家屬仍然感謝醫師照顧，而當場景換到機構，家長態度卻可能截然不同。

即使是有二十幾年照顧情誼，家長還是到法院提告。

檢察官和法醫相驗之後，決議不起訴。

不過，猶如被故友舉劍相向，這事件成為壓斷脊梁的最後一根稻草。

「我的同事把孩子照顧得無微不至，誰都不願意發生這樣的事，可是家長還是不放過我們，」林網市顧不了大家的勸留，向主管辭職，「真心投入換來這種對待，我真的灰心了。」

莊宏達一向理性冷靜，此刻心情也極度複雜……

「我曾經以為，家長會顧念我們照顧孩子這麼多年、投入那麼多心力，他們的家庭也因此恢復比較正常的生活，而有所寬容。結果，家長的反應是告我們，」莊宏達沉聲說：「感恩的心這麼難期待嗎？」

鮮少說重話的莊宏達，對人性的一面感到悵然。不過，他沒有憂懼：「如果因為這個緣故而被判刑，我也樂意接受。因為我努力過了，因為我出於善意。」

「耶穌到世界上示範給我們看，他經歷的事和眾人差不多，被背叛、被誣告，什麼都有。而且我們的生命有踏實的基礎，這個基礎就是我們是被愛的，從生命開始到結束都被愛。所以面對外界的事，我不畏懼，心裡總有平安和寧靜，」他轉而幽默地說，「我的後台很強。」

莊宏達不為自己抱屈，卻心疼同仁而在夜裡輾轉難眠：「部分家長把照顧當成交易，認為他只要付費，瑪利亞理所當然就要全面服務，對老師說話不太客氣。我有時候聽到老師的委屈，覺得這些家長沒有體會到她們的辛苦。」

思緒如窗戶上掩映的樹影，在風中混亂搖擺，「不要做了」的念頭，幾次占滿他的腦海。

但是，當他把視線從眼前令人糾結的事件移開，看向更多家庭，風停了、影靜了，放棄的想法頓時消散，心裡又是一片清明。

霧峰家園從二〇〇三年正式成立到二〇〇九年為止，發生七起意外死亡事件，大部分家長都能理解極重多障孩子的脆弱，反而安慰這群盡心盡力的老師「沒關係，免不了」。

「並非瑪利亞沒有需要改進之處，每一次事件後，我們都會檢討自己。但家長仍然願意同情我們曾經付出的努力，也肯定我們，」莊宏達說，「他們知道自己的孩子不容易照顧，常常處於危險之中，誰知道什麼時候會發生意外？也許在家裡也同樣發生，所以他們不會追究。」

再將眼光放到所有被幫助的家庭，莊宏達就不自覺地舒展眉頭，振作而起：「如果我們的工作還有一點價值，縱使沒給孩子太偉大的成就，至少他的家庭有喘息的機會，每天有一點家庭生活，也就值得了。」

阿泰媽媽過了二十幾年的憂心日子，她說：「我們真的需要一個這樣能讓家長休息一下的地方。」

阿泰是他們的長子，下面還有弟弟、妹妹。阿泰十七、八歲的時候，夫妻帶三個孩子到阿里山玩，看神木、看雲海，吃吃喝喝，全家笑嘻嘻。

沒想到晚上住進賓館時，狀況還是爆發了。阿泰怎麼樣都不肯進房間，一直在大廳逛。弟妹等得累了，被爸爸帶走，留下媽媽繼續陪他。

人聲漸稀的大廳裡，只見一個大孩子執拗地走著，一個心急的母親賣力跟上。不曉得阿泰這一場較勁持續了多久，只知道直到他一步也邁不動了，母子兩人才終於回到房間休息。

隔天，一家人立刻收拾行李回家。阿泰媽媽說：「那次以後，我們不敢再帶阿泰出去過夜。」

阿泰的家庭支持度高，爸媽、弟妹都願意照顧他、陪伴他，但是弟妹的成長不能因此而局限，他們也想到外地旅行、出國遊覽，開拓視野。這時候，夫妻只能分飛，一個外出陪伴弟妹、一個在家照顧阿泰。

在兩個孩子的旅遊照片裡，很少同時出現爸媽的笑顏。難得的幾次，還是熱心的瑪利亞老師把阿泰帶回家照顧，他們才能一起出遊。

霧峰家園啟用後，阿泰住了進來，爸媽平時做自己的事，週末再接他回家。阿泰在家時，爸媽兩人如繃緊的發條，因為不知道意外何時到來，一刻不敢鬆懈。

一個週末，爸媽和阿泰從公園散步回家，打開門，阿泰先進去，如往常一樣上樓回房間。沒想到，人還在階梯上時，突然癲癇發作，跌了下去，頭部撞到客廳的落地窗，被破碎的玻璃刺得滿臉是血。

爸媽趕緊將他送醫，縫了十九針。

「我沒想到阿泰會剛好走到階梯上發作，我還跟著上樓，不是沒有，」爸爸有些沮喪，「如果早兩秒發作，他還在地板上，就不會受這麼重的傷。」

這是阿泰在家受傷最嚴重的一次，但不是唯一一次。

「我如今想到都還很害怕，幸好只是皮外傷，沒有腦震盪或插到眼睛。其實爸爸大概只有三十秒沒有注意阿泰，」媽媽在餘悸中感到慶幸，「我不敢想像，如果沒有霧峰家園，我們的生活會如何。」

這股互相支持、彼此諒解的情誼，陪伴莊宏達走過人情冷暖；有些家長對孩子的無私奉獻，則像夜空中的星光，無聲地鼓勵他繼續前進。

陳桂中是榮民，在公家機關工作，特別請假趕到霧峰山上受訪。坐在明亮溫馨的小教堂裡，臉上還有長途開車的風塵僕僕。他是小安、小全的養父。

早年，陳桂中的太太開美容院，有天早晨，她開店準備營業，發現門口躺了一對棄嬰。這對稚嫩的雙胞胎兄弟，看起來只出生幾天，幸好是炎熱的六月，夜裡不甚涼，才沒有凍病。陳太太興起同情心，把小嬰兒帶進去照顧。

這時他們已有一雙兒女。兒子正處於叛逆青春期，女兒則因為幼年生病開刀，造成腦部缺氧而癱瘓在床。陳桂中在工作之外還要照顧孩子的吃喝拉撒，忙得不可開交，因此不太同意妻子的做法。

不過，美容院裡有師傅、小妹，大家輪流哄一哄、餵餵奶，暫時照顧得過來，雙胞胎也就先留下來。這期間，有人想領養其中一個嬰兒，但夫妻覺得分開雙胞胎不妥，因而不了了之。半年後，太太決定辦領養。

全家人過了一段美好時光，直到雙胞胎要上小學那一年，陳桂中才發現，無論說話、生活自理，他們都落後其他孩子很多。他嘆氣：「沒有經驗，而且忙昏頭了，根本不知道。」

陳桂中把小安、小全送去特殊學校，又請外勞來照顧女兒。沒想到太太承受過度壓力，出家了，擔子瞬間全部落在他身上。

單親帶四個孩子，原本就無比辛苦，何況其中還有三個，生活大小事都需要依賴別人。有人問他，為什麼不把癱瘓的女兒送去教養機構？

「從來沒想過！」他說，「我們帶習慣了，怎麼照顧會令她比較舒服，我們心裡有數，交給別人，別人還要慢慢摸索。」

只要孩子安好，即使只能靜靜相伴，對這位父親來說已經足夠：「剩我一個人也很無聊，不管她好壞，女兒不在就覺得怪怪的。」

也有許多人勸他，「女兒是自己生的，沒辦法，只好養著，幹嘛還找兩個麻煩回來？把他們送出去吧。」

「他們說他們的，我做我的，」一開始不想收留雙胞胎的陳桂中，堅持養父的責任，「已經收養了，能做就盡量做，孩子送出去會怎樣，我們也不知道。」

過程自然是難以言喻的辛酸，尤其雙胞胎不懂事，情緒一上來也會對人揮拳，男孩體壯力強，老師、爸爸都沒躲過挨揍。這些時候，陳桂中感到莫名的悲涼：明明花了那麼多心思教他、照顧他，怎麼換來如此對待？

點點滴滴的苦水，吞了、忍了，也就過了。然而，在吞忍之間，他的個性被磨平，想法隨之通透。

「他不懂，跟他計較有什麼用？現在打你，等一下就來抱你，」陳桂中說，挫折一定有的，「碰到就要扛下來，不然怎麼辦？沒人能代替你。」

現在小安、小全已經三十幾歲，仍然如七歲孩子般天真爛漫。

「我逗他們玩，他們嘻嘻哈哈回應，看到我就抱，還會拿耙子幫我抓癢。很窩心啦，」陳桂中說，「哪個三十幾歲的兒子還跟父親玩？女兒知道弟弟要回家，也會露出開心的表情。知足了啦！有不好的一面就有好的一面，不可能全部不好，結果到最後才知道。」

小安、小全從啟智高中畢業後住到霧峰家園，陳桂中頓時感到輕鬆許多。尤其孩子感冒、頭痛時，不需要傷腦筋請假處理。因為如果不是莊宏達看診，老師也會帶他們去外面看病。他說，這很不容易，因為這些孩子表達困難，也不一定能配合醫師要求，老師要能溝通、安撫。

陳桂中如今是霧峰家園家長會會長，他說得肯定：「莊醫師這個團隊，讓我全然放心。」

那麼，未來走到人生盡頭時，怎麼辦？

陳桂中單身一人，身後蒼茫，沒有人能接手照顧小安、小全。

「不要想，不要被煩惱，」陳桂中停頓片刻，然後大笑：「就靠莊醫師了。」

霧峰家園的入住合約中，除了家長聯絡方式，還需要一個緊急聯絡人電話。那一欄緊急聯絡人，或明或隱，已經寫著「莊宏達」。

談話中，陳桂中不時哈哈大笑，有時聽來無奈，但更多是豁達。

莊宏達慶幸自己走進這個更大的天地：「當醫生，關在自己的小天地，自己是這個小天地的王。可是做社會福利工作，看到各種家庭情景，有可憐的一面、人性的一面，也有偉大的一面。很多家長讓我非常感動，他們對孩子不離不棄，雖然看起來沒什麼希望。」

任憑外界紛擾、任憑心情起伏，莊宏達照常前往霧峰看診，而且風雨無阻。蔡春足接下霧峰家園園長，每個颱風天，都會特別去巡查是否淹水、屋頂有無掉落。在一次狂風暴雨中，她打開家園的門，竟然看到莊宏達安穩地坐在診療室看診，「我嚇一大跳，問莊醫師，你不覺得今天開車會飛嗎？」

有個大年初二，街上還響著鞭炮聲，她在群組上看到同仁留言：早上九點，莊醫師看診。她驚嘆：「初二耶，家園裡只有幾個孩子。」

走過死蔭幽谷，莊宏達不畏懼。他將繼續去愛，只是，對於「愛」，他的心中已經浮現新的樣貌。

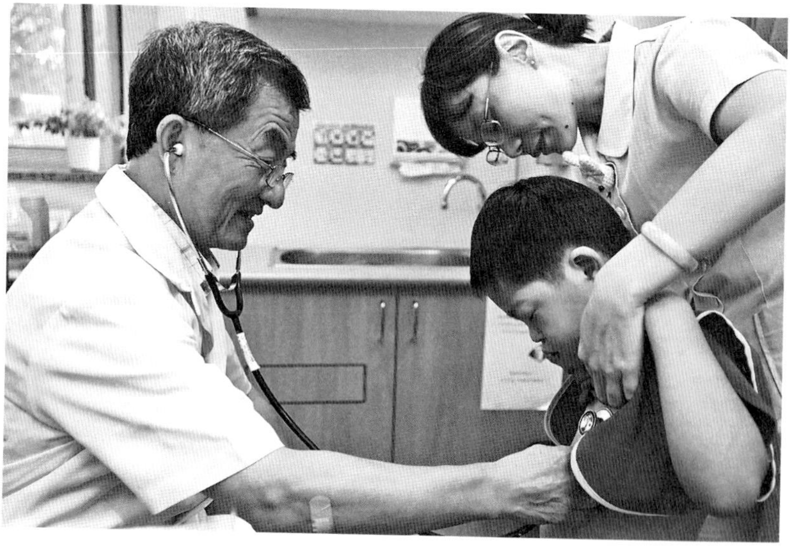

多少年來，莊宏達（左）始終持續以自己的專業，守護這群不一樣的天使。

09 對不起，我錯了

九點一到，參與主管會議的同事已經就座。因為霧峰家園遭遇的事件，會議室裡籠罩著無形的烏雲，壓得人心沉沉。

照例由莊宏達主持並開場。他站起來，環視圍繞桌畔而坐的二十幾位主管，有一起奮鬥二十年的資深同仁、有新加入的高階主管，每一位都如此優秀而且用心，也因此對他們有時未得到外界應有的尊重，倍感不捨。

他向大家致歉：「對不起，我的管理方式讓你們承擔很大的風險。」

此刻，他心裡已經意識到，當樹成長到枝垂葉蔓時，必得修剪，才能穩穩抓住大地，庇蔭它周圍的花草蟲鳥……。是瑪利亞變革的時候了。

這樣道歉的舉動，老員工不陌生，莊宏達經常在會議上公開反省自己。二十年來，他的人格如軍隊中高舉的旗幟，大家辛苦卻無悔地跟隨。

林網市在順天醫院擔任護理師時，就認識莊宏達。雖然她在另一個單位，但是經常看到這位醫師深夜去加護病房看孩子，心生敬意。她和朱麗宜是同學，後來聽朱麗宜談起在瑪利亞工作的點點滴滴，開始嚮往，「這個單位是可以來付出的地方，我打定主意，臨床二十年之後，如果瑪利亞需要的話，我願意加入。」

自己訂下的時間到了，林網市辭職去瑪利亞應徵。通過關關測驗後等了幾週，都沒接到通知，後來她才知道，儘管通過了考試，但瑪利亞遭逢財務問題，凍結人事。

林網市於是另外找了工作，也在社福機構。近一年後，她突然收到瑪利亞的聘用通知，她毫不猶豫向主管請辭。沒想到主管非常肯定莊宏達和瑪利亞的貢獻，因此很快就接受她離開。

「莊醫師是很好的領導人，他那麼公正無私，做事是這麼投入，不計代價。我進入醫療領域二十年來，很少看到像他那麼簡樸、謹守天主教誨的醫師，所以我認為他是可以跟隨的，」林網市回憶當初加入瑪利亞的決定。

新來的主管，帶著不同觀念和做法，儘管和莊宏達有時意見不同，但都信賴他的人格。

「莊醫師有一個很了不起的地方，就是他永遠反省自我，」執行長陳美鈴說。

那時陳美鈴剛加入兩、三年，在資深員工眾多的瑪利亞，仍然屬於新人。

莊宏達原本不認識陳美鈴，經過同事介紹，知道她曾經在台北擔任幾個基金會的執行長，參與關懷雛妓及慰安婦運動、從事心智障礙者的福利工作，後來為了照顧生病的父親，才回到台中。

莊宏達和陳美鈴聯繫。

當時，陳美鈴不熟悉中文打字，她用英文寫信給莊宏達，莊宏達就配合用英文回覆。陳美鈴感到被尊重。

陳美鈴希望先擔任顧問。待她和所有主管談過，了解瑪利亞的狀況後，寫了一份建議書，莊宏達也接受這份建議，她才接下副執行長的職務，半年後升任執行長。

在事故、訴訟如驟雨來襲之後，此刻，瑪利亞這棵大樹似乎有些搖晃不安。霧峰家園陷入混亂。

蔡春足在幾度考慮後，終於點頭接任園長，迎接她的，卻是同仁憂心惹上官司而不斷送來的辭呈：「工作壓力太大，大家都想離開。流動率最高的時候，人事單位忙著加印離職單……」

當務之急是解決這種風險，才能讓同仁安心在這裡工作。

長久以來，莊宏達和同仁在照顧孩子的過程中，目睹各式家庭故事，不自覺付出更多力量來撐住，也因此承擔了更多不確定性。

為了讓家長和孩子維持聯繫，霧峰家園每年有兩次懇親假，過年、暑假，各九天。這九天，家長一定得把孩子接回去。只有經過社工、教保員、護理師評估不宜返家，例如已經沒有家屬、家暴個案的孩子，可以留在家園。

這時候，經常出現令人哭笑不得的現象。曾經有家長帶孩子回去過年，但是吃過年夜飯後立刻來按門鈴，把孩子送回霧峰家園。

如果不頂著壓力繼續照顧，這些生命會不會早早響起輓歌？

蔡春足記得，有一次懇親假結束，一位媽媽帶著女兒回來，老師照例檢查孩子，赫然發現她的癲癇藥只吃了三分之一。此時，孩子突然癲癇大發作。組長請媽媽帶孩子去醫院，媽媽卻說沒關係，已經約了隔天門診，現在陪陪她就可以。

待孩子和緩後，媽媽離開了。傍晚，女孩的癲癇再度發作，這次情況極度嚴重，發紺、缺氧……，教保員趕緊叫救護車，送到最近的醫院。連續打了三劑強心針，孩子仍然昏迷，醫師要他們立刻轉大醫院。

教保員一直撥電話給媽媽，手機、家裡，始終沒人接。好不容易家裡電話通了，響起阿嬤的聲音：「麥擱喀啦，她媽媽不在，麥擱喀啦！」

大家只好把孩子送最近的大醫院。瑪利亞同仁焦慮地圍在急診室外等候，沒多久，醫師出來問：「你們是家屬嗎？要不要放棄？孩子應該不行了。」

當場一片沉默，沒有人具備資格回答。

醫師只好繼續急救。

當媽媽終於趕到，十三歲的小女孩再也睜不開眼睛了。

還有一個孩子，在例行返家期間被父母接回去，沒幾天，蔡春足接到家長電話，說孩子送醫院急救。那一天她休假在家，掛了電話就跳上摩托車催著油門趕去。到了醫院，她才想起剛剛太焦急忘記問病房在哪裡，於是打電話給家長，竟然被告知，孩子已經躺在冰冷的殯儀館裡。

她滿心疑惑，問家長為什麼孩子走得這麼快，得到的回答是：「醫師說酸中毒。」酸中毒？是誤喝硫酸之類的？蔡春足不懂，去問莊宏達，答案猶如槌子擊中她的心，「莊醫師說，就是沒吃、沒喝水。」

蔡春足流下眼淚。

極重多障的孩子難以表達，如果照顧者不夠細心，生活中一個環節，就能傷害甚至奪走他們的性命。

生命何其無辜？

莊宏達不忍。

他不願深究照顧責任在誰，只要自己還有一絲能力，他就願意傾盡那一絲力量，撐住這些生命，讓他們多享受一點世界的美好。

只是結果終究無法圓滿，他感慨：「我是心軟，覺得犧牲自己沒關係，但是常常犧牲到同事。」

樹，能經歷多少風雨仍不折斷？愛，能承受多少傷害依然勇敢？

孩子的天真容顏、老師眉梢的壓力、家長的蹣跚身影，在莊宏達腦海徘迴，似乎很難有一個做法能兼顧基金會、孩子、父母與老師。因此，多年來，他和團隊只能更謹慎地防範可能發生的種種問題。

但是，在新執行長陳美鈴眼中，這個現象不合理。她直指問題核心：「怎麼做才符合孩子的最佳利益？」

陳美鈴之前擔任過社福機構評鑑人員，曾聽視察服務的委員說，瑪利亞太偏重醫療。加入瑪利亞之後，她看到孩子的生命如此脆弱，不禁嘆息：「怎麼可能不醫療？」然而，正因為有些孩子需要更完善的醫療照護，瑪利亞無法完全擔負這個責任。「瑪利亞立案是社福機構，核心是特殊教育，不是以醫療為核心的護理之家，」陳美鈴認為，即使莊宏達以醫師專業全力投入，瑪利亞也有護理出身的教保員、充滿愛心的護理師，終究無法替代設備完善、分科專精的醫院。

有切身之痛的林網市，也支持這個想法：「把一個需要密集醫療照顧的對象放在社會福利機構，這不是對他最有利的服務。」

那麼，霧峰家園從此不接受極重多障的孩子？

陳美鈴說，瑪利亞從一九八八年就照顧極重多障的孩子，國際組織則是在一九九

○年才關心這個領域，台灣完全與世界同步。目前在國際上，日本和德國對特殊孩童的照顧做得最好，「極重度多重障礙」這個名詞就是來自日本。但是她去日本參訪，得到的卻是警惕：「日本對這群孩子以醫療為主，用高度醫療將他們留在護理之家。但是孩子延續了生命，卻失去日常生活的趣味。我知道不能犯他們的錯誤。」

她提出的做法是：「將其中高危險的孩子轉送醫療機構。」

莊宏達聽了，腦海瞬間開闊起來。他不曾往這個方向思考。

醫療機構多半讓孩子像病人一般，生活在各種醫療儀器之間，他不捨一個生命蒼白而過，所以無論多麼嚴重的人，他都願意照顧。陳美鈴的言談，讓他開始思考這種標準的合適性，自己是否疏忽了法規、能力、風險的綜合衡量？

他從不同角度看到真相。

從法律層面來看，莊宏達認為，「早期瑪利亞是醫療加教養，但立案終究是社福機構，不是護理之家。如果照顧沒出問題，大家相安無事；一有狀況，家長就可能提起訴訟。收容那些超過我們服務能力的個案，在法律上站不住腳，教保老師承擔的風險太大。」

再想到道德層面後，他的眼神清澈而堅定：「瑪利亞不得不拒絕某些超過我們照顧能力的個案，無條件的零拒絕，有違真正的道德。」

莊宏達授權主管決定怎麼處理。主管們笑著說好，內心卻半信半疑，二十年來每一天努力實踐的理念，真的能說改變就改變嗎？

為了全盤了解威脅瑪利亞園生安全的因素，進而防範，莊宏達分析了瑪利亞從一九八八年到二〇〇八年的經驗。

這段時期瑪利亞有三個機構，啟智學園、愛心家園、霧峰家園，莊宏達統計三個機構總園生的死亡率為〇．五七％，和全國死亡率〇．六一％，沒有統計上的差異，但是園生致死的最大原因是窒息，特別是痰多噎哽、進食噎哽。

極重多障的腦性麻痺者有肌張力異常，無論吞嚥口水或進食都容易嗆哽；一半以上又伴隨癲癇，發作時也容易噎到；感冒時，因為咳嗽能力不佳，常會發展為氣管性肺炎，隨時可能被濃痰噎到。莊宏達說：「每天危機四伏，時時要做好急救處置的準備。」

霧峰家園忙碌起來。團隊請來專家為個案進行吞嚥攝影，對完全不能以口進食、必須插管的園生，就協助他們轉院到護理之家。因為瑪利亞沒有技術護理師，管子一旦掉了就得即刻送醫院，白天還找得到醫師處理，晚上醫院夜診只到十一點，這時出事怎麼辦？

個案評估會議時，主管邀請莊宏達參加。看他仔細審視桌上的資料，主管們雖然覺得自己的做法有理有據，仍然擔心與他的理念不合。

結果證明，這些擔心多餘了。

蔡春足說：「莊醫師很難得，他用醫療專業和團隊一起討論，做出最適決定。」

陳美鈴也認為：「他光明磊落，裡外如一。他有寬大的心胸可以接納，如果你是對的，只要跟他溝通，他會願意調整與改變。這個身分與職位的人願意傾聽，大家覺得很不容易。」

準備成立霧峰家園之時，有經驗的主管曾經提醒莊宏達，這樣的個案很難照顧，如果遇到不理性的家長，免不了糾紛。他提醒自己謹慎，但沒有因此卻步。

莊宏達坦言，這兩次訴訟給他當頭棒喝：「在家庭裡是情理法，家人之間起衝突，先講情，再講道理，最後才訴諸法律。可是在社會上，順序完全顛倒，凡事得先在法律上站住腳，留不留情分、有沒有愛心，留待後面再說。」

說到這裡，他突然頓住，神情鄭重：「我們可以學習這些經驗，但是要謹慎分辨對象，免得傷害人，因為不是每個人都這樣不講情分。」

因此，當陳美鈴和主管主張法規優先、改變零拒絕的做法，莊宏達沒有猶豫：「這是一個自我否定的決定，但是我接受並支持。」

除了將霧峰家園的高危險園生轉介到護理之家，瑪利亞也訂下新規則：日後申請進霧峰家園，必須通過吞嚥能力測試。

猶如園藝師拿起花剪，對著眼前的植栽細細審視、全盤修整。改變從霧峰家園開始，延伸到瑪利亞的另外兩個機構。

愛心家園原本為了讓身心障礙的學齡兒童在課後有去處，因此提供課後服務，現在也依照法令，讓他們轉入一般小學的課後輔導班。

啟智學園屬於日間托顧，新的政策是，如果在原本服務時間之外托顧孩子，家長必須支付臨托費用。

有些家長早上七點就把孩子送來，晚上七點再帶回去，瑪利亞老師加班照顧孩子，卻被視為理所當然。陳美鈴覺得這樣不合理，每個角色有自己的責任與義務，她希望以費用提醒家長正視這個現象，也還給老師應有的家庭時間。

此後，就是風波，捲起滿地落葉紛飛。

部分家長一時不能接受，在會議中情緒激動。陳美鈴一力承擔。

陳美鈴記得，有一個孩子腦部開刀，需要在家做一對一照顧，但是家長說要做生意，無法照顧孩子，孩子一出院就要直接送回霧峰家園。陳美鈴不肯收，家長於是放狠話：如果你不收，我讓孩子撞牆。

陳美鈴的思慮清晰，霧峰家園一個教保員要照顧五到六個孩子，怎麼能為了照顧一個人而放開其他孩子？而且，剛動大刀出院的孩子，在不影響生活下，家長為何不願意多照顧他幾天？她告訴家長：「如果你這麼做，我會全程錄影。」

家長知道此路不通，也就另想辦法了。

有家長向莊宏達抱怨陳美鈴的做法，莊宏達只是耐心聽著，並不回應。他說：「我同意、接受、支持執行長要做的改變。她看得遠大，想建立一個制度，以孩子利益為優先，也合理照顧員工權益，而不是一味給家長方便。大家遵循制度，習慣就好。」

事實上，陳美鈴也不曾憂慮是否會獲得莊宏達支持：「莊醫師全力以赴照顧孩子，為老師樹立強大的榜樣。我是後來的人，但是他非常了不起，傾聽、了解、接受，進而支持我改革。他全然無私，我對他的人格有絕對信心。」

不幸的是，一位在瑪利亞待了十幾年的園生，轉出去後不久就過世了。

家長的風言風語之中，流傳著對瑪利亞的指責。部分從成立基金會開始就一起辦活動募款的家長，覺得瑪利亞無情，組織大了態度就不一樣。

「早期的瑪利亞，如果沒有家長幫忙的確很難撐下去。老師很忙，我又要看病，家長幫忙募款、替我們找地方，很多雜務都是家長幫忙……」莊宏達說著，眼神微暗，沉默下來。

他理解家長的失望與憤怒，但自己何嘗不感慨？

•

莊宏達重情分，二十年來，與家長、孩子建立如家人般的情感，這曾經也是他所追求的醫病關係，如今新規則橫刀一切，似乎生生割開了這份相互依賴與彼此支持的過往。

奈何現實並不總是如此單純。組織愈大，家長愈複雜，各式各樣的人與性格，不一定都能像早期那樣互相體諒，瑪利亞不得不考慮社會現實，劃下一道安全線。

再開口時，莊宏達已經神色淡然：「我開車去霧峰看診時，看到家長的車子都比我的好。他們應該知道我沒有私心，這樣就夠了。」

莊宏達身為醫師兼董事長，四十年來開的車，無非是福特全壘打、裕隆、三菱等國產車。還曾有人好奇問他：「董ㄟ，你怎麼沒請一個人開車？」

這麼做，有時候的確是因為財務狀況不允許，更多時候則是價值觀使然。「我沒辦法，花不下錢去買進口車，」他大笑，「車子能跑就好啦。」

陳美鈴發自內心敬佩：「莊醫師內在有非常清楚的生命軌道，有非常堅定的信仰，無私地往前走。」

理性的家長認知到瑪利亞的用心，於是提出自己的需求，陳美鈴也善意回應，推出以個案最佳利益為中心的服務——高危險個案轉到護理之家後，瑪利亞外送服務到床畔，請教保員到該機構，維持以前對孩子的認知教育。

家長們逐漸接受新模式，瑪利亞這棵大樹，也在風雨磨練與刀剪修整中，綻放新樣貌。

10

每個人都在不完美的稟賦上，努力完美

在你面前，散開一片片拼圖，有的看起來靚麗，有的顯得平淡。當你拿起黝黑的那一片，仔細審視，可能猜透它存在的意義？是燦爛星空的黑夜背景？或是閃著靈魂眸光的美麗黑眼瞳？

再試著想像，每個人都是宇宙拼圖的其中一片。這時候，你怎麼看待不同生命的價值？

莊宏達這麼看待生命——當一個人願意縮小自我或者放大眼光，去看這個浩瀚世界，就會發現自己只是宇宙拼圖的一片。而這幅拼圖的完整樣貌是什麼樣？答案，在造物者心裡。

「最重要的是，你不知道，如果蒙娜麗莎的黑眼瞳變成其他色彩，這幅拼圖還一樣美麗嗎？」他說。

台中新市政中心內，上班及洽公的人流眾多，店家紛紛進駐。二〇一〇年開幕的「瑪利MAMA手作麵包」，在這裡贏得一席之地。

挑高的空間、大片透明玻璃、原木厚桌，坐在裡面，聞著咖啡香及麵包甜，看著窗外綠地上的光影變化，心，開始沉靜。

輕食簡餐由米其林一星餐廳「鹽之華」的主廚黎俞君指導，以單純豐富的味道傳出口碑。

如果不說，客人不會知道，這是一家庇護商店。一位店長、三位輔導老師，帶著六位心智障礙員工，硬是做出一年平均每日四萬元的營業額。

當初瑪利MAMA準備成立時，執行長陳美鈴認為，庇護商店不能倚賴同情而存在，應該打造成一般環境，進入商業競爭，才能讓身心障礙者未來可以真正進入社會工作。

為了達到這個目標，光是商場設計，就有多層考量。餐桌，忍痛選擇沉穩優雅的高單價實木，以表現軟、硬體的整體價值。廚房採取開放式，大膽迎向客人對心智障礙者的不信任，展示高度的清潔品質。餐食要走在時代潮流中，因此口味要豐富、營養、無添加，並且選擇西方美食代表，義大利麵。

餐食這一項，讓瑪利MAMA店長蕭百珍傷透腦筋。她不是餐飲科班出身，為了學藝，吃過大大小小餐廳，始終找不到適合的取經對象，眼看開店在即，她急得幾度流下眼淚。

後來同事相繼幫忙探聽，大家意外吃到鹽之華的義大利麵，頓時覺得這就是瑪利MAMA的理想滋味，於是忐忑著請主廚黎俞君傳授。

沒想到，黎俞君立刻答應。蕭百珍說，黎俞君不僅為瑪利MAMA設計菜單、教導料理方式，當廚房好不容易完成一道新品，她即使再忙，也會想辦法來試菜把關。

這樣精心設計的美食，身心障礙者有能力承接嗎？

⁂

彣彣有中度智能障礙，她的母親精神狀況不佳、父親脾氣暴躁，一直都是姊姊照顧她，可是姊姊也有自己的家庭需要費心。她期待有一天，可以不再依賴家人，自己養活自己。

彣彣原本在瑪利亞的廚務組學習，認真練習清洗鍋碗瓢盆，十年之後，終於轉到瑪利ＭＡＭＡ手作麵包，挑戰人生夢想。

但是即使如此努力，她的能力仍然不足。

瑪利ＭＡＭＡ的廚房配備了洗碗機，老師也在牆上貼著執行步驟提醒她，但是一天下來她只洗完二、三十個杯子；長條土司要切塊、麵包要裝袋、袋子要扎花，都得老師在旁邊密集地幫助她。

彣彣穿戴著瑪利MAMA的頭巾和圍裙，圓圓的臉上露出羞怯的笑，看不出已經近四十歲。雖然做不好，但是她一遍又一遍練習。

蕭百珍和輔導老師也沒有放棄，她們始終在尋找彣彣的長處，她們相信，如果一個人不會做某些事，是因為沒有給他足夠的機會和經驗。

餐飲業者的午餐不在一般人的規律中。有一天下午，大家終於可以坐下來吃飯時，彣彣拿出自己的便當，打開來，一如往常的色香味齊全。

同事好奇地問：「彣彣，今天妳姊姊不在，沒人做菜，妳怎麼有便當吃？」

彣彣回答：「我自己做的啊。」

一旁的老師聽了，眼睛一亮。

店裡有一道「白酒鮮菇麵」，是在鮮菇拌義大利麵上，搭配煎得金黃香脆的雞胸肉。老師告訴她：「彣彣，妳可以提升能力，做煎雞胸肉的工作。」

彣彣聽了卻嚇一跳，立刻說：「我不會。」

彣彣姊姊知道老師的計畫後，也很緊張。她擔心妹妹學不來，更擔心她造成別人的困擾。

老師們不斷鼓勵彣彣，激起她嘗試的勇氣。

香煎雞胸肉的做法，一般食譜這樣敘述：

食材：雞胸肉、鹽、胡椒、百里香。

做法：

一、以適量香料及鹽，均勻抹到雞胸肉表面。

二、醃製十五分鐘。

三、預熱烤箱，上火二百五十度十分鐘。

四、雞胸煎至表面金黃色，約六分熟。

五、放入烤箱。上下火各二百五十度，十分鐘，烤至約九分熟。

六、取出烤雞，加蓋燜十分鐘。

這樣的說明，對彣彣來說就像糾結成團的毛線，愈扯愈亂。她羞赧地說，看不懂。

老師特製彣彣版食譜，將一道流程拆成醃、煎、烤三個小食譜。

譬如醃，要分成四個步驟：

一、取出冷藏肉，按計時器，放十五分鐘。

二、將鹽巴放到計重器上，指針要到七。
三、百里香、胡椒，各撒白湯匙兩匙。
四、抹勻香料後，按計時器十到十五分鐘。
烤的重點又不同，要訂定辨識依據：
一、打開開關，等爐面變紅，按七號按鈕。
二、倒入一匙橄欖油到鍋子裡，等油起泡泡。
三、將雞肉放到鍋裡，有皮那一面向上，按計時器，放兩分鐘。
四、翻面，沒有皮那面向上，按計時器，放一分鐘。
靠著這樣滿滿的支持，彣彣漸漸上手，而且逐步將全部流程串起來，如今不僅能煎出漂亮的雞胸肉，連切片、擺盤、煮麵，都沒有問題。當她小心翼翼將餐點送到桌上，客人已經忍不住要咬一口。

一開始，彣彣的姊姊不敢置信，當老師不斷跟她回饋，彣彣會煎雞胸肉了、會煮義大利麵了……，她逐漸相信並且喜悅，這個她一直保護著的妹妹，也能走出自己的人生。

這段時間有多長？

蕭百珍輕吐一口氣：「三年。」

三位老師，十五個步驟，量身訂做的職務再設計，加上一千零九十五天的挫敗與堅持，彣彣學會整道「白酒鮮菇義大利麵」，朝獨立的人生邁出一大步。

花這麼多資源照顧這些「傻孩子」，有價值嗎？是不是應該把資源放在更有效率的地方？

每當被這樣詢問時，莊宏達總會分享宇宙拼圖的概念。

他相信每個人有自己恰到好處的位置和價值。只要他努力生活過、努力成就他認為應該做的事，就不辜負自己所承受的生命，他的價值不是由世人判斷。

這樣的信念，不僅來自信仰，也因為身邊許多例證，如夏夜湖畔的點點螢光，雖然微弱，卻無法忽視。

瑪利亞技能養成第一中心中央烘焙組，有位小倩。她雖然有中度智能障礙，但擁有丙級證照，更熱心幫助新人，被封為「麵包一姐」。

麵包一姐看起來瘦小，但是她努力突破智能的限制，一回又一回，也許因為失敗而退縮，卻不曾從此放棄。

小倩原本在瑪利亞的職業訓練班上課，她喜歡烘焙，做事特別嚴肅，總是皺著眉頭努力聽懂師傅講的話。結訓後，她被轉介到外界工作，是當期唯一的一位。

歡歡喜喜上班後，小倩卻發現麵包坊的老師傅不像訓練班的師傅有耐心，教訓起學徒來總是大小聲，而且事事要求到位。她擔驚受怕了半年，終於承受不了而辭職。

在以為能有所成就的事情上受挫，小倩猶如受傷的小獸，縮回家裡，不太敢接觸社會。

二〇一〇年年底，為了預備瑪利MAMA庇護商店開幕，技能養成中心成立烘焙組，由副主任李慧娟負責。

身心障礙者因為心智的局限，很難聽懂一般師傅的教法。李慧娟和蕭百珍一樣，不是科班出身，但為了支持這些青年，自己利用假日去當學徒，再將所學轉換方式，一步一步教導他們。

蕭百珍請到鹽之華主廚，李慧娟則到台中名店「堂本麵包店」，向創辦人陳撫洸學習。陳撫洸就是被麵包名師吳寶春稱為「味道啟蒙師」的阿洸師。

李慧娟翻看過往的學員名單，發現了小倩，於是邀請她加入。

面對曾經真心投入的事物和接納她的地方，小倩鼓起勇氣，回到夢想的起跑線。

不過，只要老師的嗓門一拉高，小倩就會勾起不愉快的回憶，而情緒低落。老師發現了，開始控制說話的語氣，她也默默努力，解開過往遺留的心結。

小倩認真肯做，甚至會運用簡易電腦，將老師交代的事項打字列印，做成備忘卡，貼在桌上提醒自己。

看到小倩做得駕輕就熟，李慧娟給她一個新目標——考丙級執照。這是李慧娟幫員工提升自信的策略。

考照？小倩皺眉，這也曾經是她的挫折，但是，此刻她願意再試一次。

丙級執照考試分術科和學科，有工作經驗的小倩，實做技術大概足以應付術科，卻始終突破不了學科這一關。

烘焙的學科，包含食材、製作、包裝的認識和計量。小倩雖然家商畢業，但是對計算應用題毫無頭緒。比如說，冰箱裡有一百五十個麵糰，今天週日要多做麵包，放進了五十個麵糰，明天客人少，要退掉三十個麵糰，請問最後冰箱裡剩下幾個麵糰？

小倩皺著一張臉，不會，卻不好意思問。

於是烘焙廚房的假日，熱鬧了起來。李慧娟為小倩及所有想參加考試的人，開了特訓班。在這裡，小倩像上補習班一樣不斷寫試題，不會的、寫錯的，聽李慧娟解說，然後繼續對付下一批題目。

平時工作、週末寫題，一年沒考過再努力一年，小倩終於拿到執照，戰勝幾度失敗的陰影。

但是回到現實，庫存管理仍然苦惱著小倩。她每次盤點的數量都和紀錄不合，經常數到哭了，擦乾眼淚，繼續數。

既然無法改善弱點，李慧娟開始思考小倩的強項。

小倩認識所有材料，於是李慧娟為她轉換工作內容，負責備料。備料雖然也會涉及計量，但是邏輯單純，小倩按幾下計算機就解決了。

認真刻苦的小倩，找到了成就感。攪拌、整形、裝飾，她已經非常熟練，人少的週日，她也可以獨立烘烤，一個人完成店裡所有工作。

小倩的眉頭逐漸舒展，成為李慧娟口中「貼心有為的年輕人」。

麵包一姐早上七點準時上班，下班後或休假前，如果發現老師們忙不完，一定留下來幫忙；老師傅生日，她悄悄買蛋糕幫他慶生；新同事報到，她主動告訴他們東西放哪裡、哪一天要做什麼，如果對方滿臉迷惑，這時候，一姐會驚訝地提高聲音說：「你不會喔，我做表格給你。」

閱歷人生幾十年，莊宏達笑說，每個人有自己的障礙問題，好比他，從事服務工作以後才發現，自己彷彿有自閉症，不太會經營人際關係，和心智障礙者的差異只是「障礙者的人性缺陷明顯外露，而所謂正常人的我們，則是將這些深藏起來。」

從另一個角度看，莊宏達在身心障礙者身上，發現單純之美。

首先，他們不會騙人、不會算計，他說：「這是在正常社會裡不容易遇到的人。」第二，他們非常負責，交代的事一定徹底完成，不會摸魚打混。而這種單純的固執，往往也是他們突破「障礙」的關鍵力量。

阿隆有輕度智能障礙，家人也因為各自的問題，無法妥善照顧他。他跟著姑姑到職業訓練班時，十九歲，滿臉鬍渣，胖乎乎的臉上泛著油光，衣服灰灰舊舊，發出微微臭味。

阿隆上小學時，就知道自己不如別人聰明，但是在特教班沒有學習壓力，又曾經被一般孩子欺負，於是他習慣也喜歡躲在自己熟悉的世界。如果見到陌生人，他就把頭垂得低低的，或者把臉別到一邊，絕不直視對方。

只是，雛鳥長大必然要振翅而飛，獨立為人的本能渴望，隨著他年紀愈大愈強烈。高工畢業後，阿隆想和一般人一樣，一樣工作賺錢、一樣靠自己的能力活著，無論這個天空令他多麼不安。

瑪利亞承接勞工局的身心障礙者職業訓練清潔班，主任杜國萍當時並不看好阿隆能做好這份工作。速度、體力、細心是清潔人員的關鍵條件，阿隆一項也不具備。但是，少年貧困的杜國萍吃過不少苦，體驗過那種極欲改變的渴望，因此她願意多付出一點。

訓練期間，果然如杜國萍料想，別人四十五分鐘能完成的工作，阿隆花了兩、三個小時，還沒掃乾淨。

幸好阿隆不怕重複練習。做不好的地方，他再做一遍，每天下課後再接受個別訓練，總算進步到和一般人相似的程度。

結訓後，阿隆到新環境實習。杜國萍安排他到台中教育大學掃圍牆外的落葉，這是最容易入門的工作，應該可以勝任吧？

第一天上工，那條一眼就看到盡頭的走道，阿隆掃了整個早上，還掃得氣喘吁吁，汗流浹背。

阿隆其實很無奈。枯葉飄落，弄髒了剛掃好的地面，他得再掃乾淨；地上葉子被風吹走，他得追過去掃起來，免得愈吹愈亂。這樣跑跑追追，耗光他的時間與體力。

老師教阿隆利用柱子、推車和畚箕，將走道切割出四個區域，掃完一個區域，換下一個區域，不要跟著落葉和風團團轉。

阿隆肯做肯學，一個多月後，他追上了應有的速度和品質，如願獲得工作，加入瑪利媽媽清潔高手工作隊。

工作的地方在台中自來水公司，也是掃落葉，但加上為花圃澆水。杜國萍為每個庇護青年安排工作流程並製作檢核表，叮囑他們，完成一件事項就在下面打一個勾。

某個雨天，杜國萍接到自來水公司承辦員的電話。對方在電話那頭抱怨：「你們的員工害我被主管罵，說我虐待身心障礙者。」

杜國萍聽得滿臉問號，後來終於搞清楚狀況。

傾盆大雨中，阿隆穿上雨衣、拿著水管，認真澆花。

承辦員趕緊去勸阻。

但是阿隆握緊水管，搖頭說不行，一定要澆水，否則檢核表上不能打勾。

杜國萍聽了啼笑皆非，趁機向承辦人推銷庇護青年的優點：「他們雖然不懂變通，但一定徹底執行，絕對不會沒做完就落跑。」

隨著與人接觸的機會增加，個性畏縮的阿隆，有時也會說笑話。

愛心家園的老師、學員，經常相邀打桌球。有一次阿隆同行，路上老師讚美某位學員是社福界的「男模」，為了提醒阿隆控制體重，他問：「阿隆，那你呢？」

阿隆回答：「我是保鮮膜。」

自信心提升的保鮮膜青年，開始想交朋友，卻不敢主動接觸陌生人。

老師靈機一動，幫他做了一輛特製手推車，上面寫著「透早清掃顧八肚、四界打拚為前程」，用這個標語引起別人的話題，然後阿隆勇敢抬起頭，從斗笠下露出羞澀笑容。

阿隆也默默努力，為了豐富談話內容，他每天晚上上網看新聞、關注最新事件，花兩、三個小時準備資料。

到後來，自來水公司員工六、七百人，幾乎都認識阿隆，甚至於他換工作後，有員工向杜國萍抱怨：「老師，可不可以調他回來？」

瑪利亞青年有個「麻吉家族」社團，成員經常一起參加活動或旅行。阿隆當選了五屆會長，曾經代表麻吉家族到北京分享庇護性就業方案、和全體庇護員工到香港交流、到靜宜大學分享「我的成長」。

接受訓練十年後，阿隆從庇護員工轉成支持性員工。這意謂著，他必須獨自處理未來可能遇到的所有事，不再有老師處處協助。

結果，阿隆的表現經常獲得業主肯定。聽到讚美，應該很開心吧？

「還好耶，」阿隆很老實，「我覺得本來就應該把工作做好，不是為了讓別人讚美才把工作做好。」

那麼，什麼才是工作中最快樂的事？

阿隆不假思索：「把工作做好、做完，就是我最快樂的事。」

也許花費的時間比一般人長，但是阿隆終究完成心願，飛進那方他曾經只能仰望的天空，自在翱翔。

這樣算不算「成功」？

每個人來到世上有不同使命，也在自己的王國裡，盡力完成這份任務。

莊宏達認為，身心障礙者的人生使命，也許在一般人眼中輕微如羽毛，卻是他們可以努力完成的；而一般人的使命，也許高遠重大，可是要完成這樣沉重的使命，一樣能力有限、一樣必須努力，不努力，就虧欠了自己所承受的生命條件與機遇。

「障礙者和正常人都一樣，有不同的負擔、有自己的成功。平常心看待吧，」莊宏達說。

用平常心看不同生命，那麼，回到天主那完整而無限的宇宙拼圖，我們又該如何看待自己的角色？

「你的責任，就是把自己的圖像、色彩填好。每個人都在這幅圖畫當中，不需要比較，只要看自己，看到神給你的人生使命，」莊宏達認為，這才是核心。

只是，人並非獨立存在，我們的使命，還包含去愛生命中的他人。莊宏達說：「進入我們生命的每一件事、每一個人，都是我們生命的一部分，也是我們的責任。即使許多人只是進入又離開，在每個交會的機遇中，仍然應該善待他們，讓他們擁有真善美的情境。」

有一天，當我們離開這個世界，從遙遠的地方回頭看這幅宇宙拼圖，就會知道每個生命的位置和價值。莊宏達如此相信。

11

誠心誠意的真善美追求

愛笑的恩恩，皮膚白皙，髮色淺淡而鬈曲，乍看彷彿從圖畫中走出來的天使。遺憾的是，他罹患罕見疾病，引發腦部退化、皮膚及毛髮等病變，如果沒有適當治療，患者通常會在三歲前死亡。

在醫師叮囑下，從出生那一日起，恩恩每天注射藥物、口服補充劑，以延續病弱的生命。阿嬤定期帶他到醫院回診追蹤，毫不厭倦，卻非常不捨，難道孫子只能如此過一生？

在醫院，她聽到病友家屬談論瑪利亞的療育專業，心中浮起一股期盼：也許，孫子在那裡能有不同的未來？

她到瑪利亞看了幾次環境和上課情形，這股冀望愈發濃厚。

然而，恩恩家裡經濟不穩定，勉強能支持他的醫療費用及家人日常開銷，如果要再多出一筆機構費用，實在超乎他們的能力。

願望與現實條件的落差，讓阿嬤感到惆悵。

當時的啟智學園主任鄭美芬知道了，很想幫忙。她自掏腰包幫阿嬤支付來往車錢，又請社工師評估恩恩的家庭狀況。結果，恩恩的學費、療育費，都可以由瑪利亞基金會的急難救助金支持。

阿嬤終於露出笑容。

在恩恩進入學園前，社工師先和輔具技師到他家評估特殊輪椅的製作，治療師也一起前往了解恩恩的狀況，規劃以後的復健。

因為腦部發育問題，當時已屆學齡的恩恩只能貼地爬行，連坐都坐不穩，更別說生活自理與說話能力了。

因此，進入學園之後，物理治療師利用四點跪爬、短距離步行、粗大動作誘發等練習，以及定時站立承重訓練，幫恩恩提升肌肉力量和關節的活動度。

恩恩的認知學習，也有顯著進步。他最愛音樂課，教保老師經常請他幫忙按溝通板、發圖卡，他也學會打電話。

長期為恩恩看病的醫師說：「相同病症的個案中，恩恩的狀況是目前最好的，真是個奇蹟。」

天地間有什麼力量能成就奇蹟？如果問莊宏達，他的答案一定是，愛，永不止息的愛。

瑪利亞的所行所為，就是在愛的基礎上進一步思考：愛能做什麼？不過，在回答這個思索之前，必須先問：愛是什麼？

「愛，是生命的分享。愛是真、善、美，」莊宏達從信仰的角度分析，然後落實到每個人的日常，「真是真理、是專業；善，是實踐真理；而美，便是做得確實，對人有價值。」

這種真善美的生命分享，是他長年帶領瑪利亞的方向。

對早期瑪利亞的教保員來說，莊宏達是帶領他們了解特殊兒童的第一個老師。

大部分是中午，有時候是趁孩子還沒到的早晨，或週六上午，莊宏達帶著教材，在基金會會議室開起課來。

當時，台灣關於特殊兒童照顧的知識尚不普及，他整理自己所學及臨床體驗，包括：孩童的生長與發展、復健醫學綱要、殘障兒童護理學、腦麻兒的溝通訓練及肢體照顧……，也編譯國外最新知識，例如：早期教育的評估與訓練等，然後自製成課程教材。

教材上除了密密麻麻的專業文字，還有各種數據統計、生理結構圖，以及他為瑪利亞研製的各類評估表。

同事圍坐在長桌旁，聽他解釋兒童各個階段的發展、大小肢體動作與認知，或者看著他繪製的衛教簡圖，學習幫腦麻孩子做復健。

硬在緊湊的一天中擠出這段時間，對莊宏達和教保員都不容易。在順天醫院的愛兒教室時，大家趁著孩子午睡時上課，教保員一邊聽講、一邊注意孩子的動靜，聽到哭聲就趕緊去哄，非常緊張。

到了下午，莊宏達則是藉著為孩子檢查身體的機會，幫助同仁更熟悉孩童的身心發展。

有時候，他跪坐在地板上，將孩子擁在身前，一邊為孩子按摩雙腿，一邊提醒身邊的教保員與護理師，要注意哪些事項；或者，他盤坐在孩子身畔，為圍坐旁邊的教保員解說孩子的病症與照顧方法。

之後，陳愛椿被莊宏達送到彰基受訓，成為語言治療師。回憶早年這段魔鬼訓練，她說：「我們的底子，就是莊醫師打出來的。」

日復一日地傳授知識、鼓勵學習，莊宏達無形中為同仁形塑一種價值觀，「做社會服務，除了熱心、使命感之外，還要具備專業，才能提升品質與價值。」

蔡春足是商業設計科畢業，在瑪利亞擔任教保員近三年後，正逢台北護理學院*招收嬰幼兒保育學系，她辭職到台北念書，畢業之後回到瑪利亞工作，又拿到碩士學位。她說：「我是受到莊醫師的影響。」

隨著服務規模擴大及社會變化，瑪利亞也不斷調整、強化專業的內容。

早期，莊宏達以為，復健就可以幫助這些特殊孩子，因此從他自己帶教保員做復健開始，瑪利亞不斷在內部建置學有專精的醫療復健團隊，包含語言治療師、物理治療師、職能治療師、音樂治療師……

這支二十六人的團隊，是台灣社福機構最大的團隊，比許多醫學中心更具規模。他們進入班上和教保老師合作，並且長期追蹤孩子發展，發揮了極大的效益。

也是在這樣的實踐中，他發現，復健只能維持孩子的日常生活，許多個案需要不同專業團隊共同支持。

孩子的大腦受損，需要啟智，必須加入特殊教育體系；為了讓父母得以喘息，要提供孩子的一般生活照顧，護理體系介入了；然後，要做全人服務，包括關懷、支持，社工體系進來了。

二〇〇二年瑪利亞承辦台中市愛心家園後，園長陳怡君和團隊投入成人就業服務，更讓瑪利亞的影響力走出機構，迎向更廣大的需求。

她開辦清潔、廚務、烘焙、香草等工作隊，讓身心障礙者接受適合的訓練，進而銜接社會，兩度忙到臨產才離開職務，讓這些業務年年獲得優等評鑑。

而在專業能力提升上，瑪利亞也有更細膩的支持。

鄭若瑟是瑪利亞基金會的董事，也是中國附醫精神科顧問醫師，他每週到瑪利亞協助教保老師處理孩子的問題行為。

在一次討論中，老師困惑地向他提出近日遇到的問題。有一位二十幾歲的園生，老是趁機摸老師的腿，特別是有穿絲襪的老師。園生沒有口語表達能力，難以問出真相，老師心裡懷疑他的意圖卻願意持開放態度來了解：這是不是性騷擾？他到底是摸大腿還是摸絲襪？

鄭若瑟沒有提出答案，而是帶大家開始探索真相。他們把絲襪放在椅子上、放在假人模特兒腿上，然後看看這個青年怎麼做。

結果發現，他是喜歡絲襪。於是，老師給他一條絲巾，讓他放在口袋，想摸隨時摸得到。青年不再碰觸老師了。

追根究柢的老師提議，再確認一次青年的需求，於是互相約好，接下來一週大家都穿絲襪，看他如何反應。

這一回，他仍然沒摸老師，有那條絲巾就滿足了。而師生的關係也在這種理解中，恢復真正的和諧。

「這種善意溝通的方式，不是一種溝通技巧而已，而是深度的同理心，」鄭若瑟說，「人的行為都是為了滿足需要，我們學著用這種模式分析行為，找到孩子的真正需要，改變教導的文化。」

在眾人埋首努力中，瑪利亞不知不覺成為完整的專業團隊。

莊宏達開心地說：「瑪利亞有很多團隊，每個人在不同的領域發揮。這種專業介入，實實在在有價值，真正對被服務的人有幫助。」

提升專業、用心實踐、創造價值，真、善、美三者互相提升、不斷循環。恩恩的奇蹟，就是從這樣的真、善、美追求出發，在愛的思考與分享中所成就的。

不過，這種分享不是用來應付工作。如果是這樣，莊宏達直言：「他在浪費時間應付自己的生命。」

他常常向同事強調：「來上班，就要開始經營你的生命，而非上班一回事、回家才是自己的生活，你上班的八小時已經占去生命的三分之一。」

追求真、善、美，必須從內在真誠地經營自我開始。

「愛不只是表現在服務當中，」莊宏達強調，「要轉化成生命的中心思想，從內心活出愛，愛自己、愛家人，愛你誠心誠意的真善美追求。」

郭瑞棋之前為瑪利亞開校車，只要一載上孩子，即使行駛的是柏油大馬路，他也戰戰兢兢，如履薄冰，「車上通常只有一字帶的安全固定帶，很擔心不夠牢靠，孩子們坐著坐著就滑落下去，或者突然站起來，摔出座位。」

他擅長木工，經常動手做一些小道具提升行車安全。莊宏達得知他的用心，將他調到輔具中心擔任技師。

其實，即使在家裡或教室，腦性麻痺的孩子坐在輪椅上，如果沒有固定好約束帶，身體的異常張力也常讓他們滑落地上，而重度腦麻的孩子連坐的能力也沒有，為了不讓他們成天臥床，更只能用約束帶將他們五花大綁在輪椅上。

但是放眼當時台灣社會，沒有更好的輔具，似乎只能辛苦這些孩子了。

二〇〇六年，美國紐澤西州特殊教育學校（NJID）坐姿擺位及輔具部門主任包韻宜回台灣度假，並且趁著假期和各界分享國外的最新做法。

郭瑞棋和同事參加了那一場演講。他按照聽到、看到的概念，很快就用木頭、器械敲打出一張擺位椅。後來，包韻宜到瑪利亞參訪，看到這張椅子非常驚喜，提出一些改善之處後，建議發展成產品。

行動力強的郭瑞棋，隨即根據專家意見做出第二版擺位椅。

這時大家又發現，擺位椅的椅背、座面似乎支撐力不足。原來為了塑造曲度，坐起來舒適，郭瑞棋使用甘蔗板做材質，但是甘蔗板是低密度密集板，可承受力低，而且使用壽命短。

能不能使用其他材質？瑪利亞靠自己的技術，還無法突破。

二〇一三年，這張椅子取名「瑪利亞成長型擺位椅」，獲得創新改良專利。不過對瑪利亞來說，獲得專利還不夠，他們希望產品化，真正幫助孩子。

之後，瑪利亞在中山醫學院舉辦跨界整合研討會，將這張擺位椅拿出來展覽，並且安排同事在現場交流，希望往來的專家中，有人可以提出技術支持。可惜，當時沒有任何收穫。

兩年後，某一天。

瑪利亞董事楊保安，邀請台中西區扶輪社社友許傳福前往參訪。許傳福成立「合富國際」，專精於公共空間的家具設計及製造，在台灣、新加坡、香港都有公司。

醫療復健中心主任劉純晶回憶，許傳福聽到瑪利亞的需求，大方表示，他們公司有曲木研究中心，願意義務協助。

從此，治療師、技師、繪圖和設計師緊密合作，經過幾十次會議溝通、討論、修改，試做、打掉重來……，理想中的擺位椅，終於出現。

這張擺位椅，從髖關節處開始固定，上半身配置H型固定帶，軀幹兩側有支撐設計，還有頭靠可以撐住頭部，讓使用者平視前方。若孩子長大了，背板可以更換長度；坐累了，可以換成空中傾倒的角度，改變受壓點。

「困擾我們二、三十年的問題，終於獲得重大突破，」莊宏達鬆了一口氣，他更開心的是，擺位椅可以造福許多人，「不僅我們的孩子需要，所有坐不穩的病人都可以使用。」

在誠心誠意的真善美追求之上，莊宏達和同仁經常問自己：我能做什麼？因為，愛，確實能帶來改變。

經過多年努力，山裡的霧峰家園傳出照護方式的突破，在二〇一四年揚名於千萬里外的歐洲。

維也納是藝術、文化的歷史古城，七月的陽光季節，城裡處處都是說著不同語言的各國觀光客，欣喜地探賞文明之美。國際智能及發展障礙科學研究學會（The International Association for the Scientific Study of Intellectual and Developmental Disabilities, IASSIDD），選擇在這裡召開第四屆歐洲年會。

這是致力於智能障礙科學研究的第一大國際組織，除了每三到四年舉辦全球年會之外，還有亞太、歐洲、美國等地區會議，讓會員了解並交換生理、行為、社會科學等最新發現。

年會場地就在維也納大學校園裡，來自歐美各國數百人參與，在許多教室同時發表研究報告。

維也納大學是德語區國家最古老的大學之一，已有六百多年歷史。發現血色素的醫師巴拉尼、經濟學家海耶克、物理學家薛丁格、諾貝爾文學獎得主耶利內克、心理學家佛洛伊德、數學及物理學家都卜勒、社會學家韋伯……，都曾在這個文藝復興風格的校園念書或教課。

要在這樣的知識殿堂演講「霧峰家園的癲癇控制分級系統」，莊宏達不由自主緊張起來。雖然這個議題，他和同仁已投入多年心力，每個細節都了然於心。

極重多障的孩子，三〇%伴隨癲癇。癲癇的型態不一、發作時間也難以掌握，有時發作完就沒事，嚴重起來卻有生命危險。因此每當孩子癲癇發作，霧峰家園的同仁立刻繃緊神經。

「有時候是夜間，有時候是假日。他們一發作，全身抽搐、臉色變黑，萬一缺氧，怎麼辦？我們曾經叫了救護車之後，立即把孩子和氧氣筒推到門口等著，免得延誤送醫時間，」蔡春足無奈，「結果我們一直盼、一直盼，盼了十八分鐘，救護車才歐伊歐伊上山來。」

難道束手無策，只能被動等待？

莊宏達不願意放棄，他進一步思考自己能做什麼：癲癇發作雖然必須送到醫院治療，但是醫師不了解病人平時的狀況，只能解決病發時的症狀，而瑪利亞的教保員天天看著孩子，應該能更具體詳細地觀察，找到改善的方法。

他是小兒科醫師，邀請擅長癲癇治療的神經內科醫師江東樺，帶著瑪利亞的護理師、教保員組成跨專業團隊，不厭其煩地觀察、記錄，以癲癇的風險、頻率和進展三個方向，做為每個月癲癇控制分級的依據。按照個案所屬等級，有不同的處置：等級在G0、G1、G2者，可繼續原有的治療和追蹤歷程；等級在G3、G4、G5者，則需要積極尋求醫師調整治療措施、提醒家長按時餵藥。

「這個方式，和過去只是被動等待約診進行追蹤診療相比，對孩子更有幫助，」

莊宏達解釋。

霧峰家園從二〇〇九年開始推動這個分級系統，並且主動做控制處置，到二〇一三年，五年中，癲癇發作狀況明顯改善。

這期間，霧峰家園園生一百一十七人，有癲癇病史者四十三人，癲癇月平均發作次數從二〇〇九年的二三四．四四次，減少到二〇一三年的四七．一七次，大幅下降八成。因癲癇發作而送急診的次數，也由每年八次降到三次以下。

瑪利亞整理這些經驗、方法、表單，出版了《癲癇控制分級評估手冊》，並且在全台辦了四場工作坊，期望讓病人減少發病的痛苦，也幫助癲癇照護者減輕負荷。

會場的燈光暗下，大布幕上打出一張張簡報。

雖然聲音有點乾澀、表情過於僵硬，莊宏達還是順利分享完畢。

台下的專家聽眾開始舉手提問，想更了解這套方式，畢竟他們在這之前未曾聽聞「癲癇分級控制」。

會議後，同事相偕在美麗的維也納旅遊，享受各式美食。對莊宏達來說，這是非常難得的放鬆機會，因為心繫瑪利亞，除了探望住在海外的長輩，他幾乎沒有時間出國旅遊。

將服務他人視為經營自己的生命，莊宏達默默以本身做詮釋。

鄭若瑟認為：「莊醫師的人格特質，不計較，一直去做，讓社會上所有支持我們的人、這裡所有參與的人，都很放心地幫他，從一個人開始，激起許多善的行為。善，猶如一顆種子，會長成大樹，蔓生成林。」

莊宏達樂意把自己化身為那顆埋入塵泥的種子。他說：「當你發現，你對自己接觸的人有助益，他們能在你身上得到真善美、得到愛，你的生命也就擁有價值。」

＊台北護理學院於二〇一〇年改制為台北護理健康大學。

12 微笑與沉默都是愛

在瑪利亞日托中心裡，阿錚與小婷是好朋友，兩人只會為一件事翻臉。每當莊宏達來學園看孩子時，如果先喊「小婷！」阿錚會生氣；如果先喊「阿錚！」小婷會生氣。她們都喜歡這位醫師伯伯。

如今，阿錚已經四十歲，醫師伯伯也在不知不覺間成為醫師爺爺，莊宏達仍然會到家裡看她。躺在床上的阿錚，開心得肌肉更高張，莊宏達站在她身旁，握住她的手輕輕搖曳，安撫著：「放鬆，阿錚放鬆。」

莊宏達的聲音溫和卻堅定，看著孩子時，目光慈愛如冬陽，讓人從心裡溫暖起來。在特殊孩子的眼裡，這是他們努力和外界溝通時最喜歡的容顏。

但是，對瑪利亞同仁來說，莊宏達是最嚴格的魔鬼教練。

陳愛椿和莊宏達一起工作將近三十年，她說，以前莊宏達從診所到基金會時，不是上課，就是考試。雖然考不好沒有什麼懲處，但是看到他眉頭一皺，大家就不安。「他還會買書送給我們，」朱麗宜說，「總之恨鐵不成鋼，希望大家趕快上手，服務更多人。」

莊宏達無時無刻不期望同仁充實自己，陳愛椿還記得，有一次他看到兩位老師在聊天，直言提醒：「妳們在浪費生命。」以至於不管什麼情境，每個教保員一看到莊宏達，就像準備升學考試的國三女生碰到班導師，立刻變得緊張兮兮。

莊宏達對事情的高標要求，滲透在日常細節裡。

朱麗宜就曾親身經驗。有一次下課，她和幾個教保員一起吃橘子，聽到莊宏達上樓的腳步聲，大家手忙腳亂地把吃剩的橘瓣收起來。她記得莊宏達進來後還是發現了，「他說，妳們在吃橘子喔，味道太重了。」

「我們都快嚇死了，」朱麗宜說，「其實從前我們很怕他。」

•••

胡曉慧剛到瑪利亞時，負責把關園生的營養紀錄，兼管廚房。和前任營養師交接時，她發現，每當莊宏達要來視察之前，這位前輩就開始說胃痛。

「有這麼嚴重嗎？」胡曉慧心想。很快，她就見識到了。

餐廳廚房裡，為了避免排水管及下水道被油脂阻塞，會在排水溝前裝置截油槽，一般人不會注意這個設備。莊宏達不僅知道，還會掀開蓋子抽查是否乾淨。

「他比較一板一眼，」胡曉慧說，「但是我們知道這是為了孩子和員工。」

雖然同仁和莊宏達有相同使命感，但是神經繃得過緊，有時候也會爆掉。

陳愛椿回憶，有一次莊宏達來巡視，發現教室有些髒亂，立刻開始指陳錯處。那一天老師特別忙碌，已經非常疲憊，再被說了幾句，情緒就控制不住，頓時全體以沉默抗議。莊宏達這才收到「訊息」。

莊宏達笑得靦腆：「我是小兒科醫師，嬰幼兒病徵只要有些微改變，就可能造成嚴重影響，養成我重視細節的習慣。」

這種凡事認真以待的嚴肅態度，從莊宏達年少時就展現端倪。

小他一歲的妹妹莊淑美，對年少時長兄的龜毛印象深刻：「哥哥很古板，不苟言笑，對我們很嚴格。我們讀書的時候流行尖頭鞋，他覺得不優雅，不准我穿。」

「頭髮都要夾得整整齊齊，」排行第五的妹妹莊麗美不忘補上。

在弟弟莊宏德的印象中，他們兩人沒有吵過架，但也只一起玩過一次，「他沒有調皮過。」

陳愛椿了解莊宏達求好心切，也希望同仁理解這位創辦人的用心，等大家熟悉之後，她勸莊宏達寬心：「大家都知道你的要求，也很用心在做，不需要這麼嚴格。」她接著提議，不要每次來就上課，可以改成聚餐或下午茶。

莊宏達立刻接受。不過，規矩改了，關係卻無法立即拉近。莊宏達帶著太太準備的便當，到員工餐廳和大家一起用餐，可是，沒人敢坐在他旁邊。

胡曉慧當時是菜鳥，忘記是園長或誰要她去補那個空位，她乖乖就去了。一開始，桌上只聽得到餐具的碰撞聲。胡曉慧想了想，開始主動找話題。她和莊宏達討論營養午餐的菜色、講孩子的突發狀況，這時，莊宏達的話匣子打開了，你來我往，沒有冷場。她笑說：「緊跟著，我就多出了一些工作。」

同桌用餐久了，胡曉慧發現，「莊醫師沒有想像中那麼可怕啊！他其實很喜歡和人接觸，只是不善言詞。」

胡曉慧後來擔任莊宏達的祕書，有許多機會聽他說話，「莊醫師就曾感慨，他很羨慕有些人一見面就能聊個不停，他不知道怎麼做到這麼厲害。」

因為祕書工作，胡曉慧也看到莊宏達的許多面貌。

有一次，她開車載莊宏達去開會，看到一個離會場很近的停車位，便問說：「我們停這裡好嗎？」

莊宏達卻告訴她，停遠一點。

她正在想為何要這麼做，就聽到莊宏達說：「近一點的位子，讓不方便的人停。」

也許沒有動人的言語或討人歡喜的行為，但是莊宏達用自己的方式，持續去愛。

有一年，胡曉慧健檢發現腫瘤指數CA19-9高達一萬多，而正常指數應該低於三十七。在醫務室裡，莊宏達為她驗血，結果看起來也不太妙，於是開單讓胡曉慧到大醫院再檢驗一次，結果還是一樣。

後來，胡曉慧到榮總做了一連串檢查、治療，追蹤了兩年多。每一次，這位醫師老闆都會仔細詢問她的狀況。

有一天，胡曉慧幫老闆整理桌面，發現了一張表。那上面，仔細記錄了她兩年來的指數。

剎那間，兩年來的憂慮與不安得到撫慰，猶如孤獨探索前路的孩子發現父母始終在身後，胡曉慧的澎湃情緒凝聚成最純粹的一句話：「他就是很好、很好的人，我沒有別的形容詞。」

瑪利亞從早期開始，新進同仁加入前都需要健檢。人資拿到健檢報告後轉給莊宏達，他會親自面談。

陳麗娟確定要到瑪利亞工作時，被吩咐拿健檢報告單去莊小兒科找莊宏達。那時候，她還在交接前一個工作，經常忙到很晚。這個晚上，大概七、八點了，她拖著疲憊的步伐到莊小兒科。

她看著莊宏達靜靜讀報告，又為她量血壓、聽心音。這一聽，狀況不太對。

「莊醫師竟然叫莊太太打電話給某個檢驗室，說他要帶人過去，」陳麗娟心裡大驚，這麼晚了，還要讓大老闆處理她的健康問題，實在很尷尬。

是心律不整。莊宏達解釋，心律不整平常很難看出狀況，必須在發生時檢查，他需要把握最好的時間點。

霓虹閃爍的街上已經陷入黑暗，只剩路燈守候行人。檢驗室下班了，這位認真的醫師老闆只好作罷。

幾天後，陳麗娟正式到瑪利亞報到。正忙著辦理報到手續時，她被請到醫務室，一位護理師幫她量心電圖。莊宏達要追蹤她的健康狀態。

陳麗娟再次驚訝：「哇塞，怎麼這麼仔細！一般不是有個體檢報告就好了？」

莊宏達對人的關心不流於言語層次，每一句話，都帶著真實的力量。因此，面臨生命中無法獨力應對的時刻，同事、夥伴第一個求助的人，經常是他。

洪毓萍從順天醫院的愛兒教室時期就擔任教保員，後來因為懷孕生子而辭職，瑪利亞基金會成立時她又歸隊，現在帶領志工大隊。

她永遠記得自己懷孕時的經歷。

當時她正懷著雙胞胎，卻意外發生嚴重車禍，因為腦瘀血動了腦部手術，需要服抗癲癇藥劑。她很掙扎，擔心藥劑影響孩子正常發展，不知道該不該繼續孕育。徬徨時，她請教莊宏達的意見。

莊宏達支持她把寶寶生下來，並且幫她檢查藥物，建議哪些可吃、哪些不要吃，把各種風險解釋清楚。

「他還每天幫我禱告，讓我很安心，」洪毓萍說。

後來，洪毓萍早產，但寶寶還算健康。莊宏達從保溫箱時期就開始照顧他們，現在兩個孩子已經長到一百八十公分高了。

洪毓萍的先生也是瑪利亞同仁，因為癌症而住院，她記得莊宏達幾乎每天到醫院探望他。

先生過世那晚，洪毓萍慌了，一時不知道找誰幫忙處理後事，腦海浮現的，就是莊宏達關切的臉龐。她撥出電話。

醫院裡沉寂得令人不安，但是洪毓萍沒等待多久，就看到莊宏達趕來。

「莊醫師像我的父親，不會高談闊論卻很貼心，是我背後的力量，」洪毓萍說。

莊宏達常和旁人提起，鍾雲如、林慶堂夫妻的到來，是瑪利亞基金會的奇蹟之一，但是對鍾雲如而言，她先生意外離世時發生的那件事，才是奇蹟。

二〇〇〇年的這一天，平時很少北上的莊宏達，參加了一個在台北舉辦的醫學會議。會議結束，他與太太準備搭客運回台中。

不知道為什麼，那一天車站擠滿人，售票口前旅客大排長龍，等了好長時間才輪到他們買票，結果售票人員說：座票已售完，只能買補位票。他們買了補位票，繼續排隊等待空位。

排隊補位的人陸續上車，開走了一班又一班。好不容易等到座位，莊宏達夫婦與其他乘客陸續上車。就在車子開離火車站，右轉往忠孝西路前進時，莊宏達的手機響起，電話那頭傳來林慶堂過世的消息……

莊宏達立刻請司機在第一個站牌處讓他們下車，他們跳上計程車趕去鍾雲如家。一見面，他沒有多說什麼，直接問：「妳希望用什麼儀式舉行告別式？」

事出突然，鍾雲如也沒了主張，後來決定按照林慶堂的信仰，舉行天主教儀式。莊宏達立即陪她去聖家堂。

在鍾雲如最茫然的時候，莊宏達引領她認識了天主。之後，她帶家人一起慕道並領洗，也在主日專為頑皮孩子開設讀書會。

信仰，是莊宏達現世所有最寶貴的資產，他一直期待身邊的人能分享。

每個週一下午四點，愛心家園舉辦晚禱會，瑪利亞的天主教徒、有興趣的非教徒，都可以前往聽道並且一起禱告。除了邀請神父講道，莊宏達也常在會中和大家分享信仰訊息。

不過，並非人人都有空參加，像是校車司機，從三點就開始載送園生返家，離不開崗位。然而莊宏達會細心安排，撥出中午時間，先和他們分享晚禱會上要說的內容。

陳愛椿還在瑪利亞工作時，並未接受這個信仰。但是，她退休後時常回顧過往，卻發現，那些當時覺得難以承受的挫折，後來都安然度過，似乎隱約有一雙手在照顧瑪利亞。

母親過世時，她失落、迷惘，開始思考生命的未來：「當那一天到來，我要用什麼態度和方式，離開這個世界？」

陳愛椿身旁有不同信仰的朋友，但是莊宏達的價值觀和人格，影響她對天主的信任。在決定一生信仰的時候，她毫不遲疑選擇了天主教：「我最感謝莊醫師。他在我心中撒下種子，經過長期的潛移默化，時間到了，就發芽。」

莊宏達得知陳愛椿領洗後，幾乎喜極而泣。

從愛兒復健教室、莊小兒科到瑪利亞基金會前期，陳愛椿始終是他照顧特殊兒童的得力臂膀，他希望回饋這份深厚支持，為此禱告多年，祈求上主引領陳愛椿認識這份源源不絕的愛。

而今，上主回應了他內心深切的企盼。當他闔上眼感恩時，似乎可以看到，聖水點在陳愛椿額上那一刻，新世界在她面前鋪展開來。

近十年來，家人和同事都發現，這位嚴肅的大哥、老闆，臉上的線條愈來愈柔和，而且經常哈哈大笑。

有人認為，莊宏達原本身兼董事長、執行長、醫師三職，太忙太累，卸下執行長職務後，可以將更多時間花在他喜歡的醫師工作上……

有人說，瑪利亞的財務漸趨穩定，他不必再揹負重擔……

這些，都對，卻不盡然。

莊宏達泛起笑容，直言說：「因為我老了。」

他年輕的時候總認為，人生有限，沒有把握機會去做事，太可惜了。存在便是恩典，若沒有做出相對性的結果，就辜負了。

但是在一路追求的過程中，他逐漸發現這樣不對，人生不是只有一件事，要關心的面向很多，包含家人、同事，在有限的時間、有限的條件中，有無限需要被兼顧的事，人只能盡力而為，然後接受自己的有限。

「以前樣樣都要照我認為對的方式去做，而且要做得完全，所以對別人很嚴格；現在年紀大了才發現，即使努力去做，也不見得能做得圓滿。我接受人的有限性，我做不好、別人做不好，都是常態，」他安慰說，「沒關係啦。」

老同事陸續退休，但是每年都和莊宏達聚會，大家吃吃喝喝、說說笑笑。「這幾年他整個改變，」陳愛椿說，「也不是多會聊天，可是很開心大家聚在一起。」

朱麗宜說：「人沒有完美，但他很努力改變自己。」

「他現在比較開朗，會開玩笑，」莊宏達的弟弟莊宏德，也深有所感。

以前莊宏達非常內斂，要賣房子維持財務、中風住院、生病開刀……，都不曾告訴弟妹。老五莊麗美就感慨，「我是參加他開的讀經班，聽到教友無意中談到，才知道這些事。」

現在，莊宏達會和兄弟姊妹輪流辦家庭聚會，每年一起慶生。

近十年進瑪利亞的同事，或許還是覺得莊宏達固執求全，卻不怕與他互動。

有一年莊宏達去德國參訪，回來後，給啟智學園主任李琇菁一個溝通板，建議她參考，說：「琇菁啊，德國沒有口語表達能力的人，都有這種溝通板。」

李琇菁一開始沒放在心上。她自己是留美專家，總覺得德國的溝通系統不夠個人化，也不習慣被非本行的人「建議」，因此只是敷衍著說好。

過兩天，李琇菁接到莊宏達的電話，問她研究得如何。她又找理由，說還需要一點時間。沒想到，電話那頭的回應非常直接，讓她不敢置信：「你知道莊醫師說什麼嗎？莊醫師說，如果我是妳，半夜也會爬起來做。」

李琇菁這才驚覺，這位醫師老闆對溝通板非常認真。

她花了一點心思研究，發現這個系統偏重溝通的核心詞彙，似乎更能幫助孩子對接外在世界。她帶著團隊整體思考、改良，研發出瑪利亞獨創的ＡＡＣ溝通50＋核心詞彙溝通板。

「他不用行政權強迫你，而是蠶食鯨吞你的想法，」李琇菁幽默地形容，卻也佩服，「瑪利亞能走到今天，就是因為他這種執著和非得要成功的個性。」

溝通板推出後，莊宏達稱讚好用，但是沒多久，李琇菁又接到新的「建議」。莊宏達認為應該增加某個元素，李琇菁則有不同看法。

事情看似不了了之。幾天後，程式工程師來找李琇菁。原來是莊宏達直接找工程師，想修改溝通板的軟體設計，工程師覺得不妥當，向李琇菁求援。

李琇菁找了時間，向莊宏達仔細解釋自己設計的原則、邏輯和適用對象。莊宏達認真聽著，接受了。

說自己「白目、不乖」的李琇菁，幾番和莊宏達鬥智鬥勇之後，覺得莊宏達和她之前在醫院常見到的傲嬌醫師不同，「他擇善固執，當他知道你有專業、你是對的，他會聆聽、向你學習。」

因為這番努力，二〇一九年，啟智學園在衛福部兒童發展早期療育「國際論文發表大會暨以家庭為中心工作坊」，發表了《輔助性溝通示範對於極重度多重障礙兒童在一般幼兒園課堂參與的影響之初探》論文，獲選為海報論文第一名「早期療育海報式論文人氣獎」。

說起「頂撞」莊宏達的故事，李琇菁有一籮筐。莊宏達來巡視時，叮囑她要掃地，她就說剛剛才掃過；大門口的盆栽花卉凋謝了，莊宏達請她按季節更換，她乾脆把花剷掉、把土填平，說在整修環境。

她哈哈笑：「叛逆一下！」

李琇菁剛到瑪利亞時，在寶寶班擔任語言治療師，後來負責啟智學園。這是莊宏達在瑪利亞成立的第一個機構，他未曾因為性格衝突而影響對專業的肯定。

「我看到一個典範。他沒有偷懶過，在生命每個階段都有所成，是我見過最自

律、有清楚生命目標的人。威嚴的時候，是他非常理智的樣子，現在他很慈祥，像一位老可愛，」和莊宏達互動密切的陳美鈴這樣說。

生命猶如潺潺江河，有時獨自前流，有時互相交匯。在瑪利亞，不同性格、各擁才華的他們相遇，或許在匯聚之初波濤洶湧，但是衝擊之後、包容之後，這份不同，豐富了彼此的生命、壯大了彼此的力量，讓他們一起奔向共同的遠方。

13

生命擁有相同尊嚴

白天的喧譁散去，霧峰家園裡，山中斜陽映照。

這時候，常有一個女孩悄悄走出來，看看左右無人注意，快步跑到垃圾桶前，翻撿裡面的食物。

吸一半的珍珠奶茶、吃剩的鮪魚三明治、啃過的美式炸雞……，只要是沒看過的包裝，她都撿來嘗一嘗。

她不餓也不饞，家園一天五頓，正餐、點心、果汁，吃食不缺。她只是好想知道：什麼是外面的滋味？

她是阿華。阿華有中度智能障礙，和她一起從別處教養機構轉過來的，還有她重度智能障礙的弟弟。

剛到霧峰家園時，她的眼神呆滯，嘴巴咧得開開，口水從嘴角留下來也不擦。這樣的阿華，仍然和每個人一樣，心裡藏著幾個願望。

因為家庭功能薄弱，媽媽有精神障礙，姊姊失聯，家裡只有老父親和一個小弟，所以阿華從有記憶起就住在教養機構。她的世界，就是幾間團體生活的屋舍和封閉的圍牆。

每當假日，看到同伴的父母來接他們回家，她好羨慕，卻永遠沒有這樣的機會，因此，她想擁有一個外面的家。

她也想上學。霧峰有些學齡的孩子，早上揹書包去上課，傍晚回來，總是興高采烈，她很想跟他們一樣。

第三個願望是，賺錢，買屬於自己的東西。

這些期望，會不會太遙遠？阿華大概不曾想過，正如她不曾想過，自己的心願有實現的一天。

莊宏達每週到霧峰家園，看到一些有生活自理能力的園生，卻因為家庭支持薄弱，很年輕就住在封閉的環境，雖然被保護得周全，一生平安無虞，但是缺少和外界互動的機會，認知、處事的功能將會退化。

他常常和同事說，難道他們一輩子就待在霧峰家園嗎？瑪利亞能怎麼幫助他們？

事實上，世界各國服務弱勢族群的理念和做法，也在改變。

一九六〇年代，身心障礙服務從大型集中式教養機構服務，走向以社區為基礎的照顧模式；一九七〇年代，進一步發展獨立生活運動；一九八〇年代，更倡議透過福利服務支持系統的協助，讓身心障礙者能留在社區居住並與社會融合。

在台灣，長期從事社會運動的陳美鈴，也看到趨勢背後的意義。

她和夥伴經過多年努力，向內政部成功倡議「成年心智障礙者社區居住與生活服務方案」；二〇〇七年成立「社區居住聯盟」，繼續推動台灣身心障礙者的多元居住權利，進而發動「社會住宅」的倡議。

天時、地利、人和，二〇〇八年，陳美鈴在瑪利亞啟動社區居住方案。卸下霧峰家園園長的林網市，開始著力落實兩位主管的理想。

理想中，部分園生將走出二十四小時細密照顧的機構，沒有家長念叨、沒有老師安排，他們進入你我居住的社區，組成一個六人以下的家庭，按照自己的心意和需求，在社區裡工作，決定要逛超市、坐公車、進健身房或上社區大學……，和一般人一樣運用社區資源、獨立生活。

這是一個非常尊重人權的服務，卻需要家長支持。林網市在家長會議中，向大家說明社區居住的發展和優點；會後，她又和父母個別溝通，沒想到都被委婉拒絕：「園長，能不能以後再說？」

等待住進霧峰家園的名單很長，好不容易卡到位子，從此不必操心孩子的未來，怎麼可能輕易搬出去？

林網市當了多年園長，理解這種心情。她決定回歸到莊宏達的想法，將詢問對象放在家庭支持薄弱的園生。另外，她也邀請負責成人就業輔導的團隊，協助評估這些園生的工作可能。

當時霧峰家園八十位園生，訪談後，有三位願意搬到社區。阿華是其中一位。

在進行前置作業的同時，林網市也穿梭大街小巷，尋找適合住宅。她在霧峰市區找到一間出租房子。各種條件談好，準備簽約時，協助瑪利亞執行社區居住的社福前輩建議，先去拜訪管理委員會，取得支持。這時，台灣開辦社區居住已經三、四年，媒體上批露不少社福組織遭遇的挫折，被社區排拒、門鎖被灌三秒膠、門被潑漆……，大家都不希望再遇到類似狀況。

管委會靜靜聽林網市說明來意，客氣地回應。隔天，林網市接到房東的電話，抱歉說：「我們的房子有其他用途。」

原因究竟為何，林網市不糾結，但也不退卻。她很快就重新尋找房子。四處尋看時，一位霧峰家園志工伯伯來找她，「我知道有一間房子要出租，也在市區，你們要不要去看？」

林網市和團隊當然要去。

這個房子就在志工伯伯家樓下，屋主是一對年輕的教授夫妻，因為到南部工作，將空屋託給孩子的奶爸，也就是這位志工伯伯。

巧的是，志工伯伯是管委會成員，他對瑪利亞的肯定贏得管委會支持。

林網市準備好社區居住的立意和計畫書，寄給房東夫妻。沒多久，她收到回信：「這是很有意義的服務方案。如果我的房子能發生一點效果，我們願意租給瑪利亞。」

「太好了，這就是我要找的家，」林網市歡呼。

她帶著三個大女生去賣場選家具、買家電。她們如同幼童初到遊樂園，一路笑著，眼裡閃閃發亮，好奇地四處看。林網市讓她們試躺床墊，她們小心翼翼躺了上去，然後微微晃動，臉上露出做夢一般的天真神情。

大家又一起到未來要住的房子，好好整理一番，放置廚房用品、清理浴室、布置臥房，直到對一切都滿意了，她們揹起行李入住。

這間屋子被她們取名「振興家」。這一年，阿華三十歲，終於在世上擁有屬於自己的家。

三個社區新鮮人興致勃勃地住下來，白天出門工作，假日在附近活動。還有一位教保老師和她們住在一起，協助她們學習新生活。

要融入社區，不能等待他人伸出援手。林網市認為，瑪利亞的孩子也能做出貢獻，用自己的價值打開居民的心。在她的鼓勵下，一個老師加上三個大女生，變身社區生力軍。

大樓有一部電梯，她們每週將它擦洗得亮晶晶；社區有魚池，每兩週她們帶上刷子去幫忙洗刷。不僅負責清潔的阿嫂非常開心，出出入入的鄰居看到了，也對這些新住戶印象一新。

社區進行消防演練時，管委會拿起大聲公拚命喊住戶下樓，大部分人置之不理，但是瑪利亞這一戶，四個人統統跑下來，認真練習，讓原本心情失落的管委會湧起成就感。

有一次，社區DIY做壽司，無論講師怎麼示範，大家拿著竹卷就是捲不好。瑪利亞的大女生將她們平常做壽司的輔具借給大家，婆婆媽媽用了紛紛稱讚：「怎麼這麼聰明，比我家孩子還厲害！」

在這種氣氛中，鄰居也樂意幫助她們適應社區生活。林網市說，瑪利亞開辦社區居住已經十三年，幾乎沒有遇過抗爭。

鄰居阿伯看到她們裝紗窗老是裝不好，捲起袖子就說：「我來幫忙。」

某個社區有住戶對瑪利亞住民不太友善，向管委會抱怨：「我們應該把瑪利亞的人趕走。」

主委問他為什麼。

這位居民說：「他們在，我們的房價會下跌。」

主委只回他一句：「你的房子要賣嗎？」

居民摸摸鼻子走了。

林網市再到這社區探訪時，主委和她說起這件事，還為瑪利亞抱不平。

不受歧視、不被排擠，如同常人在社區裡自在生活，是「社區居住」服務的使命。但更重要的理念是，所有生活選擇回歸到身心障礙者手中，不再由他們的重要他人或服務者來決定。每個人，做自己的主人。

振興家三個大女生，自己開會討論家庭規約、決定每天的菜單、選擇自己的休閒活動，還有，管理自己的財務。

老師教她們每天記帳。每次她們出門採買時，一定會向商家要收據，沒收據的則留紙條，太忙了沒時間找紙條，就直接寫在袋子上。老師用圖像和代碼設計了記帳本，她們按照拿到的收據，將數字描在記帳本上，再按計算機加加減減，就得到最終數字了。

阿華雖然不識字，有時候會把三八寫成八三，但是每個月的誤差，不超過十元。

「她們不是不會，是沒有機會。只要提供機會，她們就能在經驗中累積能力，」林網市很有信心，「雖然慢一點，但是一定能學會。」

住在社區裡，阿華也實現了上學的夢想。

最初，瑪利亞的支持團隊幫阿華申請到補校念書。一個學期結束之後，補校老師打電話拜託瑪利亞：「你們能不能不要來？」

補校沒有智能限制，大部分學生的學習能力有一定程度，阿華實在跟不上進度。老師顧此失彼，誰也教不好，非常苦惱。

上學只有一種定義嗎？

林網市轉念一想，把阿華轉到社區大學。這次不選知識性的課程，阿華喜歡烹飪，因此協助她報名烹飪班。

這個烹飪班的學員都是打算考證照的，老師也非常盡責，一個人在台上又要講解、又要示範，手忙腳亂，但是台下的學員恍若未見，個個低頭猛寫筆記。

阿華不考照，她勤快地當起老師的助理，切菜、清洗，需要做什麼就幫什麼。老師非常感激，叮囑阿華：「妳每天帶兩個便當盒來，一個裝了在這邊吃，一個裝了帶回去。」

透過媒合，阿華找到清潔工作，不過，她得搭公車去上班。老師教她在哪一站下車，然後騎摩托車跟在公車後面，看她坐過頭，趕快揮手叫她下車，把她載回來再搭一次。

來來回回幾趟，阿華知道哪一站要下車了。工作本身也是，老師陪她在現場實做，指導、提醒幾次之後，阿華也學會了。

第一次領到薪水時，阿華和幾個園生相偕去市場逛街買衣服，然後到麥當勞享受了夢寐以求的一餐，幾個女生臉上的笑容彷彿花朵綻放。

幾個月後，存下些許錢，沒有多少親朋的阿華買了一支手機。她說：「我在外面工作的時候，老師可能會擔心我。我想打電話給老師報平安。」

原來，一個生命成長之後想探索的，不僅是物質樂趣，還有心靈情感的連結。

過年時，阿華搭飛機回到從小離開的金門老家，探視爸媽和弟弟，並且包了紅包給他們。

家人相見，恍如夢中，激動卻無言。沒有人意想得到，當年不得不送走的痴呆孩子，有朝一日，能以嶄新亮麗的姿態回家。

「阿華跟我說，她的存款有一百萬元，好厲害，平常我的帳戶都沒有那麼多錢，」莊宏達看到她們活出新樣貌，非常欣慰，「多和社會互動，他們的能力就會提升。」

瑪利亞陸續開辦社區居住中心，因應住民的不同能力和需求，有不同密度的支持。霧峰家園的家長們，看到眼神發亮、打扮整齊的阿華，紛紛來問林網市：「我家孩子有機會嗎？」

二〇一五年，林網市倡議，協助限制較少的身心障礙者回歸原生家庭或獨立居住，還給他們常人的權利。瑪利亞因此成立「工學彩家」，讓住民練習個人獨立居住。

輕度智障的小真，是工學彩家第一個搬出去獨立居住的青年。

小真的成長過程非常波折。她的爸爸是低智商、媽媽有精神障礙，根據通報紀錄，嬰兒時的小真被媽媽放進冰箱，幸好鄰居發現報警，及時救了出來，後來社會局將她安置到育幼院。

小真爸爸從此帶太太住到山上種田，遠離人群，每個月自己下山探望女兒。

十八歲這一年，小真從高職畢業，算是成人。按照《兒童福利法》，她不能繼續住在育幼院，因此被社工轉介到瑪利亞社區居住中心，從此踏入陌生的成人社會。

小真的能力還算不錯，在一家外商腳踏車公司擔任組裝作業員，薪水也和一般人相同。

下班回到工學彩家，她學習做菜、整理家務、管理金錢，不過，如眾人一般，小真也有性格上難以磨合之處，室友之間經常鬧得不開心。

若是一般年輕人分租公寓，此刻應該正在尋找房子，打算按照自己的習慣與喜好生活。難道心智障礙者就必須忍讓過日子？

無論一般人或障礙者，林網市認為，性格差異都應該被尊重，於是詢問小真是否願意獨立生活。

小真毫不猶豫說好。她熱切地上網蒐集租屋資訊、約房東看屋，最後租下鄰近工學彩家的房子。

其實，這些年輕人在何處落腳，對林網市來說都相同。被小真暱稱「阿姨」的她說，人到哪裡，她和團隊的支持就到哪裡：「這是剪不斷的臍帶。」

就在小真努力一個人生活時，從山上傳來意外消息。她父親開貨車出了嚴重車禍，被送到醫院急救。

小真直奔醫院，在急診室外焦慮地等待。幸好，最後父親沒有生命之憂，只需要復健。

堅強的小真決定挑起做為子女的責任，但是行動不便的父親、情緒不穩的母親，需要大量醫療照護及費用，只靠她瘦弱的肩膀，實在難以久撐。

在「阿姨」協助下，小真爭取到補助，將父親送到公費的護理之家；有精神障礙的母親，則申請到花蓮玉里養護單位安置。然後，她坐了六、七小時的火車，順利把母親交給照護人員。

世事變化來得如此突然，至此，小真總算安頓好一切。她感到自豪，說自己是「從一個不在家的女兒，變成一個戶長」。

•

做為戶長，小真也要面對人性與現實的挑戰。

過農曆年時，小真代表父母回老家祭祖。親戚看到她，關心地問：「妳上班很久了，不缺錢吧？」

話題有點敏感，不過林網市事前已經提點過。小真從容應對：「我爸媽要花錢，我還要付房租、生活費，帳戶裡的錢領光光了。」

親戚不信，「妳的錢不是存在老師那邊嗎？」

小真搖頭：「我都存到銀行，沒剩多少了。」

親戚這才不好意思地說：「我不是要探聽妳有沒有錢啦，我是關心妳有沒有準備嫁妝。」

年節氣氛剛過，二月某個夜晚，小真突然接到護理之家通知，說她父親剛剛過世，請她去料理後事。小真的情緒激動，難以平復，第一個想到的，就是打電話給「阿姨」。

林網市安慰她，勸她早點睡覺，然後熬夜寫了十五點注意事項，包含怎麼和護理之家談、存摺裡有多少零用金、怎麼開死亡診斷書、怎麼和葬儀社交涉、怎麼找塔位……

隔天，帶著這份厚厚的提醒與關心，小真擦乾眼淚，獨自前往護理之家，圓滿完成父親的後事。

小真的成長，讓林網市感到驕傲，認為自己的付出很有價值：「你的投入可以改變生命，可以支持一個生命的光彩，那是多大的榮耀。」

陳美鈴在成立「台灣社會住宅推動聯盟」時，曾寫下祝禱詞，其中有這一段話：「家，生命安頓之所。居住空間，靈魂藏身之處……，祈願弱勢兒女如常人擁有平凡的家，互為社區好厝邊。祝禱海洋台灣，容納百川，展現共同生命的飽滿力量。」

的確，擁有自己想望的家，當生命與靈魂都獲得安頓，弱勢兒女也能活出飽滿的生命力。

這天傍晚，工學彩家喜氣洋洋。從廚房到飯廳，幾個年輕人忙進忙出料裡晚餐，臉上卻都掛著笑容。

這是從三週前就開始準備的一餐。

三週前的家庭會議中，教保員說有貴賓想來拜訪。聽到訪客是誰，幾個年輕人開心地歡呼，而且迫不及待開始討論各自的拿手好菜，以及上什麼水果、做什麼甜點，想給客人最好的招待。

想來想去、修修改改，直到一週前才確定菜單，確認分工。

三天前，開始採買食材。

前一晚，煮好綠豆湯，放進冰箱。

當天傍晚，挑菜、洗菜、切肉，翻炒、燉煮、拿碗筷、切水果，幾人通力合作，餐桌上擺了澎湃一桌，飄著菜香與熱情。

社區的公車亭裡，也有幾個青年引頸企盼，等待今晚的客人。

剛剛入春，才六點，天色已經暗了。遠遠的車燈射來，一班公車駛近。門打開，下來了莊宏達和莊太太。

等待的人迎了上去，開心招呼他們走向家裡。

很快地，餐桌上響起歡聲笑語。老少近十個人圍在一起，讚美著食物、分享著近況。沒有血緣關係的人，因為愛而勝似家人；被認為能力不足的人，因為鼓勵，變身成功的主人。

柔黃的燈光下，每一張笑顏閃閃發亮。

而窗外，明月沒有分別，銀光靜靜灑遍大地。

14 不怕和世界唱反調

醫務室裡，年輕的母親抱著幼兒坐在莊宏達對面，神情期待又不安。

孩子大概三歲，準備進寶寶班，莊宏達依例檢查身體，了解有無傳染病或癲癇狀況。沒多久，他抬眼看向媽媽：「妳的孩子不太和人互動。」

媽媽沮喪地點頭。

「孩子是誰帶的？」

「我要上班，所以給保母帶。」

「給保母帶不好，」莊宏達停了下來，正色勸告媽媽，這樣孩子會缺乏刺激、引導不足，應該自己帶……

陪在一旁的李琇菁看媽媽眼眶泛紅，趕快插嘴緩頰：「莊醫師，媽媽家裡比較辛苦，需要出去工作……」

莊宏達劍眉一皺，沉聲說：「妳是叫我不要說話嗎？」

小小房間似乎被這句話填滿，李琇菁立即閉嘴。

遇到孩童的教養問題，在許多人眼中，莊宏達就是一個倔強的老頑固。

他照顧遲緩兒童超過四十年，在早療中心看過上千個幼兒，除了盡己所能幫助他們成長，也常常推敲發展遲緩的原因。從眼前的孩子模樣，回推他三歲、兩歲、一歲甚至剛出生的階段，琢磨他的生理、心理、環境。

了解愈多，他愈心急。

在小兒科臨床中，醫師會從嬰兒出生到三歲期間，定期測量他的頭圍；過了三歲後則採取追蹤方式，因為頭圍已經不太成長了。

從長期統計資料來看，嬰兒剛出生時的大腦重量，占成人時期的二五％，一歲時快速成長到六五％，兩歲到達八〇％，三歲則有八五％，剩餘的一五％會在三歲至二十歲之間成熟。

大腦容量影響學習與智力，在兒童發展研究上也已經確認，孩子學習能力最強的階段正是零歲到三歲。

簡單來說，孩子出生後就開始學習，一歲認識具象世界；一歲半後，大量學習基本詞彙，包含名詞加上一些動詞；兩歲到三歲，學習更複雜的名詞、副詞；三歲以後學習邏輯，然後抽象概念漸漸提升……

那麼，零歲到一歲的嬰兒在學什麼？

莊宏達綜合學術研究以及自己的臨床觀察後發現，這是幼兒建立學習能力的關鍵階段。

而學習能力奠基於三個要素：探索、專注與模仿。

當媽媽逗寶寶說話時，我們可以發現，寶寶會看著母親含笑的眼眸、盯著她一張一合的嘴巴，然後自己嗚嗚啊啊亂喊，甚至伸出小手碰觸母親的臉龐。

或者，爸爸拿起玩具陪寶寶遊戲時，寶寶的雙眼會盯著爸爸的手部動作，彷彿想知道他接下來要做什麼、他手中的東西會有什麼變化，然後揮舞自己的雙手，呵呵笑出聲。

如果能在親子密切互動中持續、反覆練習，寶寶成長到八、九個月時，就能快速將所見、所聽、所感儲存在大腦，然後模仿運用出來。

專注的時間愈長、探索的動機愈強，寶寶的學習能力愈好，不論行為發展或語言發展，都是如此。

相反地，寶寶在零歲到一歲階段，如果沒有人引導他、鍛鍊他，為學習能力奠下扎實基礎，那麼，他以後學什麼都將事倍功半。

莊宏達在臨床上看到，許多發展遲緩的孩子，症狀都在兩歲之前浮現，他觀察這些孩子被照顧的方式，有一個共同特點：缺乏刺激。

如果一個嬰兒總是獨自坐在嬰兒椅上，除了電視，沒人和他說話，他就沒有語言和別人溝通；沒有人逗他，他就和自己玩，漸漸失去探索外界的動機；沒有動機，就不利於學習。

因此，他們只發展生物性的能力，譬如手腳的動作，卻缺乏與人溝通互動的社會性能力。

在診間他也發現，許多孩子因為缺乏刺激，造成自閉症。這些孩子的大腦發育正常，但是不曾藉由學習，發展聆聽他人、表達自我的溝通行為，總是使用原始生物性的模式，例如哭喊、吵鬧，和人互動。

瑪利亞寶寶班曾經有個兩歲半的幼兒，從不和別人玩，只是低頭滑平板電腦，被醫師診斷為自閉症。

李琇菁去家庭訪問，看到小小孩的成長環境，恍然大悟。

孩子的媽媽是護理師，要值夜班，爸爸和阿嬤在市場賣雞排；白天全家睡到中午十二點，起床後，媽媽趕去上班，爸爸和阿嬤忙著裹粉、熱油、炸雞排。

攤位附近不適合幼童活動，爸爸就拿來一把高腳椅，讓孩子坐在上面，再塞給他一個平板電腦。

高坐在椅子上的稚兒，靜靜地不敢亂動，那是人潮裡一座脆弱的孤島，只能緊緊抓住手中的電腦。

熱心的鄰居告訴李琇菁，「我覺得這孩子本來是正常的。」

這是壞消息，也是好消息。因為知道怎麼造成的，就知道如何改變。

⁂

張若望在台北開中醫診所。他在中醫大念書時，參加了學校熱門社團「中醫經典研究社」，社團成員上百人，後來他擔任副社長，負責接送老師。這位老師，就是莊宏達。

「老師對《黃帝內經》的研究，是台灣的權威，」張若望說，因此學生即使利用課餘也要來上課。

莊宏達在中醫大中醫系教課十幾年，因為太忙，不得不婉謝教職。但是學校極力挽留，學生甚至到他家請求繼續開課，更進一步把客廳當教室，最後他只好每週撥出一個晚上到學校，以社團方式授課，長達二十幾年。

在年輕人慣用的批踢踢（PTT）看板上，留著二〇一二年學生對這門課的敘述：「莊宏達老師是國內精通《內經》研究且融會中西醫學的名家。老師將在這堂課中帶領同學們從《內經》的基礎理論學習起，藉由主題式的教學，加以老師個人的體會，仔細解釋《內經》中的條文，讓深奧難明的中醫經典更容易被有志中醫的同好所接受。」文末還附注強調，「老師會準時上課，請大家盡量不要遲到！」

因為接送老師的機會，張若望開始向莊宏達請教人生問題，更進一步請莊宏達擔任「代父」，引領他進入天主教。

畢業後，張若望到台北開業，他的太太也是中醫師，夫妻兩人非常忙碌，因此兒子三個月大時就交給保母照顧，大一點之後轉送托兒所。

一開始沒什麼異常，小小孩只是安安靜靜，直到近兩歲時還不太會說話，張若望開始覺得不對勁。

不巧，當時他的母親病重，他在台北密集工作，有空就返回台中照顧母親，兩地奔波，無法分出心思關心兒子，只好安慰自己：時間到了就會說話吧。

倉皇中一年過去，小小孩仍然只能講單字、不太看人。在學校音樂會上，無論身旁孩子如何蹦跳亂吼，他就是愣愣地站著，不唱不動。

老師建議張若望帶孩子去醫院評估。他聽了，一顆心直往下沉。

張若望帶孩子到台北最大的醫院，填了許多評估表，醫師判定是自閉症，建議讓他接受語言治療、職能治療。

這個消息雖然不算意外，卻如黑夜瞬間吞沒最後一線天光。稚兒的異樣、母親的過世，讓張若望陷入極大煎熬。

消沉中他想起莊宏達。老師專門照顧特殊兒童，為什麼不去請教他？

張若望趁著國慶假日，開車帶太太、孩子，回台中拜訪莊宏達。這一次拜訪，改變了全家人的命運。

他記得，那一天老師夫婦在家裡接待他們，除了茶水，桌上還有許多參考資料及評估表。莊太太招呼大家坐下，然後大人一邊說話，一邊看著小孩跑來跑去。

沒多久，不需動用任何資料，莊宏達就告訴他：「孩子沒有問題。」多年擔任護理師的莊太太也說：「孩子很好啊。」

張若望沉重地告訴老師，兒子被評估為自閉症。

然後，只聽到莊宏達「唉！」一聲，又好氣又好笑地說：「他是缺乏陪伴。」

在那一、兩個小時中，莊宏達注意到，當父母喊孩子時，孩子總是不吭一聲、頭也不抬，一味做自己的事。

莊宏達說，這是因為親子之間沒有建立親密的依附關係。如果孩子很少在父母那裡感受到重要性、滿足感，就不會傾聽他們、親近他們。

這樣被孩子屏蔽在心門之外，父母無論做什麼，都難以為他建立心理能力。如果缺少這種心理能力，語言治療、職能治療等各種外在方式，改善都有限。

這一番話，讓張若望從混沌大夢中驚醒。

他和太太一直衝刺事業，回到家已經非常疲憊，根本沒有時間陪兒子，以至於小孩栽入3C世界，對外面不理不睬。

莊宏達提醒他，檢查之後不要為孩子貼上標籤，重要的是，必須讓孩子的大腦活化，不要再處於簡單、缺乏變化的環境，避免產生固著性行為。這也是造成自閉的主要原因。

這對夫妻回到台北，立刻著手減少看診時間、提早去托兒所接兒子回家，兩個月後，全家戒掉手機、電視，有更多時間一起爬山、游泳，陪兒子做陶土、畫圖，甚至一起扮鬼臉。

九個月後，張若望看到兒子顯著不同。好像靈魂重新注入他的生命，一個靜默的小孩，變成興趣廣泛的陽光兒童。

兒子可以自己閱讀故事書了；兒子會主動和他們講話、開玩笑了；學校裡，他和同儕分享玩具、一起玩樂高；音樂表演上，他彈琴又唱歌；他也學會溜滑板、騎腳踏車了。

張若望再度帶兒子回到醫院檢查，這次醫師說，孩子完全正常。

張小弟的語言能力還是稍弱，但是在莊宏達提醒之下，這對夫妻鼓勵兒子發揮自閉症對細節的耐心、做事的穩定性，學習手作工藝，如今孩子的剪裁、繪圖，都表現得比同齡人更好。

如果未曾經歷這些，不會理解看似簡單的陪伴是多麼彌足珍貴。張若望很慶幸自己聽老師的建議，搶救了孩子的人生。如今他到處演講，向家有自閉兒的父母分享這些觀念。

只要有機會，小小生命也能為自己創造奇蹟。莊宏達從四十年前開始照顧特殊兒童，就被這種力量深深震撼。

瑪利亞剛成立時，一位媽媽帶著孩子來。莊宏達一看就知道這幼兒有典型的自閉症表現，他總是歪著頭盯視某些東西，斜眼看人、不說話，而且反覆某些動作，一不如意就哭嚎。

小孩是保母帶的。保母只管餵飯，很少和他互動。無形中，孩子被關在一個人的世界裡。

那藏在斜睨的眼神、緊閉的嘴唇後面，小小腦袋究竟在想什麼？他孤單嗎？害怕嗎？或是沉浸在幻想中？大人焦急地想敲開他的心門，其實，他也找不到和外面搭上線的管道。

媽媽聽取莊宏達的建議，辭掉工作，幾乎每天帶孩子到瑪利亞，跟老師學習各種溝通與互動技巧。

家長投入愈多，小小孩的進步就愈大，也更能配合老師的教法。

幾個月後，小小孩吐出第一個字。雖然只是微弱的聲音，但是凝神細聽就會發現，這一聲，猶如鑰匙孔裡那細微卻明確的「喀擦」聲，門鎖被打開，孩子找到了與外界溝通的管道，啟動學習模式，從此以驚人的速度成長。

三歲時，小孩上了一般幼稚園，但仍有半天到啟智學園受訓；上國小時，進了資優班。原來，孩子將自己的固執傾向用到學習上，遇到不會的一定要學到會為止，因此他高中考取第一志願，後來穿上白袍當醫師。

莊宏達認為，無論自閉、智能障礙或發展遲緩的孩子，如果能在三歲以前進行早療，趁大腦仍在發展時，更密集、更加重訓練，還是可以彌補一些能力。

生命擁有無限可能，卻必須把握黃金時光，尤其一歲以前占一半的影響力。

但是放眼現在的教育體制，無論一般孩子的幼兒教育，或特殊孩子的早療教育，仍然著重在三歲以後。

這一段教養的空洞，得靠父母的力量來填補。莊宏達特別推崇母親。因為女性特有的細膩和耐心，是照顧、教育最好的元素。這一點，大部分男性都比不上。醫師鮮少和家長說這些話，因為擔心會傷害父母、唯恐父母為難。但是莊宏達直言不諱。

在這個雙薪時代、追求個人價值的時代，鼓勵媽媽放掉事業、回家照顧孩子的言論，似乎背離社會主流，甚至被認為不食人間煙火。即使在日本，傳統上女性會因懷孕、育兒辭職，如今工作參與率也在提升。誰有能力跳出這股潮流？

莊宏達並非不懂現實的艱難，他也是白手起家、要養小孩、要照顧父母與弟妹。年輕時的經濟擔子，不比誰容易。

只是對他來說，「兒童發展的關鍵時期在三歲以前，最能啟發發展的照顧方式是父母親自陪伴」，這個事實非常純粹，猶如真理之絕對，不可能因為成人世界的現實條件而改變。

「這是價值觀的問題，」個性內斂的莊宏達此刻語氣高揚，「你給孩子三年，他會給你黃金三十年。」

根據行政院主計總處「薪情平台」統計，二〇一九年，三十歲至三十九歲的國人平均年薪為六十三萬七千元。三年，年輕父母可以賺到的收入不到兩百萬元，莊宏達問：「難道一個生命不值兩百萬元？」

社會都同情父母的難為，誰為小孩說話？嬰孩無法為自己發言，做為小兒科醫師及孩童照顧者，莊宏達怎能不說話？

他在診間勸告父母、在演講上引導家長，在每一個場合宣揚自己的研究所得，鼓吹「媽媽親自帶孩子猶如餵母乳一般重要」的觀念。

他投稿到報社、寫信給市長和社會局，呼籲政府提供一個友善母親自己育兒的環境。他在投書中建議政府調整托育補助政策：「以政策性更高的補貼，順應女性母愛的特質，鼓勵母親全心親自照顧自己的嬰幼兒兩至三年，也是有利於長遠社會人才發展的策略。」

他像那曠野中的傳道人，竭力吶喊自己所知道的真理，即使無人聽聞、或許不被理解。

長年受海風吹襲、浪潮侵蝕的離島金門，在二〇〇三年以前沒有早療資源，如果家裡有特殊孩童需要復健，唯一的方式，就是父母抱著孩子、揹上行李，搭小飛機到台北；萬一來不及當天往返，還得找個旅館安頓。

經常這樣飄洋過海，父母及小孩都吃不消。

二〇〇三年，瑪利亞到金門成立「金門縣早期療育聯合服務中心」。鄭美芬當時擔任啟智學園園長與莊宏達的祕書，後來金門早療中心主任離職，她又兼任該職務。她回憶那時候的情景：「許多社福機構知道了，都不敢置信地問我們：『你們知道去了要賠多少錢嗎？』」

因為硬體設施得從零開始，另外包含社工、教保員、職能治療師、物理治療師、語言治療師，也需要從台灣過去，所有投入成本難以得到適當的回收。這個離島的早療中心，對瑪利亞造成極大的財務負擔。

鄭美芬前往金門，重新盤點在地的需求及資源。花了幾個月時間訪視後，她發現，不僅療育需求很高，家長看待特殊孩童的觀念也不正確，怎麼辦？

她記得莊宏達這樣回答：「錢不是最重要的，如果孩子有需要，就不能放棄。」

這個離島唯一的早療中心持續運作至今，團隊甚至到更離島的烈嶼設點服務。

有一年，這位內向固執的醫師突發奇想，打算競選市長。他的主要政見是「家有兩歲以下幼兒的母親，每人每月補助三萬元」，好讓媽媽沒有後顧之憂，回家帶小孩。莊太太聽了，立刻制止。

想到極端時，他甚至想巡迴台灣各個婦產科，在每一位孕婦生產之前，把自己的研究所得遞到她們眼前，請她們仔細思量寶寶的養育方式。

似乎意識到自己的天真愚勇，語畢，他不禁失笑。

結束所有奇思狂想，莊宏達務實地走入社區、走進家庭。

二〇一〇年，瑪利亞邀請台中教育大學早療研究所所長傅秀媚合作，開辦台灣第一個「零至三歲遲緩嬰幼兒極早期療育服務實驗計畫」——瑪利寶寶啟蒙中心。在這個中心裡，家長必須參與課程，學習成為孩子的支持系統。因為一位專業人員一次只能服務兩對親子，團隊目前每期只能協助十六對親子。

這麼微小的力量，真能影響如山洪轟然向前的潮流嗎？

法國作家紀沃諾（Jean Giono）寫下《種樹的男人》這本書，譯成二十幾國語言，感動全球上千萬讀者，許多人深信書中的種樹者確有其人。紀沃諾後來寫信澄清這是虛構人物，不過他也說：「儘管這本書我沒掙一分錢，但它所帶來的效果和長遠影響，令我感到無比自豪。」

紀沃諾在書中說，自己在法國普羅旺斯荒原遇到一個牧羊人，這個男人五十五歲了，他每天選出一百顆橡樹子，埋進荒土裡，一年種下了三萬多棵橡樹，其中只有十分之一存活。但是，他繼續種樹。

經過第一次世界大戰、第二次世界大戰，男人成為老人。他一次次去看這位老人，每次都發現這裡的樹愈來愈高、愈來愈多，老人種樹的地方也離家愈來愈遠。

三十多年過去，他最後一次見到種樹老人。而當年的荒原已經冒出泉水、通了公共汽車，形成城鎮，人們在這裡幸福地生活。可是這一切對老人沒有絲毫影響，他依舊在種樹，在離家更遠的遠方種樹。

紀沃諾在文末這樣寫著：「這個男人告訴我們，只靠身體力行和蘊藏的品德，便能將荒地變成沃土。」

靠著身體力行和堅持的品德，誰說莊宏達和瑪利亞，有朝一日，不能幫助成千上萬的孩童？

15

早安，謝謝

五點，天濛濛亮，地平線盡頭泛出一抹淡淡的白。

莊宏達和太太吃過早餐，準備去運動。兩人輕快地邁出家門，然後不約而同抬頭，望向天空。

彎彎的月，還來不及落下。月，是那亙古永恆的月，但是在他們眼中，卻日日變化不同，圓、缺、上、下、高、低，都是欣喜。聊著月亮，莊宏達牽起太太的手，一路往公園而去。

這一段明月相伴的路程，十幾年來，如常地開啟這對夫妻的每一天。

一九七三年，莊宏達到彰基服務，一個女孩意外進入他眼簾，讓他想當神父的最後一絲念頭，徹底消失。

彰基內科副護理長吳素勤，溫柔恬靜，護理帽下長髮梳成髻、穿著潔白的護理服，笑起來嘴角微微上揚，猶如青春版的蒙娜麗莎。

一天天工作相處之後，莊宏達更發現，在她纖細的身形下，有一股強韌的意志。吳素勤念慈惠護理助產職業學校*，還沒畢業就到彰基實習，之後留在彰基工作。

護理師工作繁重，好比大夜班，兩個護理師帶一個實習學生，就要照顧五十個病人。但是吳素勤始終細心勤快，別人不願意做的事她撿來做，新人做錯的地方她幫忙彌補，而醫師需要的器具、表單、藥物，不需要特別交代，她就準備妥當。

這女孩不僅性格好，對莊宏達來說，更是一位體貼的好幫手，這種心思相通的感覺，猶如被羽毛輕輕拂過，是人生中少有的經驗。

很巧的是，在吳素勤眼中，這位新醫師的個性也令人欣賞。

莊宏達每次開完藥單，總會等護理師領藥回來，他核對過所有藥品都正確，才給病人。大部分醫師是開完藥單就離開了。

吳素勤點頭：「莊醫師很負責任。」

三個月後。

這一天，吳素勤輪小夜班，一個人在護理站處理文件。剛結束看診的莊宏達看到了，立刻把握機會。

他隔著櫃檯試探地問：「妳如果交男朋友要什麼條件？」

吳素勤說：「談得來就好。」

當時台灣護理師不多，加上她父親是高雄在地知名代書，吳素勤每次回家，總有人上門相看說媒。不過，吳素勤沒有幻想遇見白馬王子或享受貴婦生活，對人生始終踏踏實實。

莊宏達逗她：「那麼，小學畢業可以嗎？」

吳素勤非常篤定：「沒關係啊。」

莊宏達的信心倍增，邀約吳素勤一起外出。兩人就這樣開始交往。

有時候爬八卦山、有時候去百果山，吳素勤會做壽司、準備水果，溫柔嫻淑的性格在細節中流露。

一次約會中，莊宏達輕輕說：「很想每天能看到妳。」

吳素勤答應了求婚，不需要房子、車子或鑽戒，她甚至知道自己面對的是一個有負擔的未來。

交往時，莊宏達邀請吳素勤和幾個同事到家裡。莊爸爸看著一群年輕人，心中有數，直接說：「阿達是長子，需要照顧父母和弟妹。」

莊宏達十個兄弟姊妹中，一個姊姊，八個弟妹。莊爸爸說這句話的時候，最小的兩個孩子還在念小學。

知道他們交往的同事，由衷佩服吳素勤：「妳居然沒有被嚇跑。」

吳素勤其實個性有些內向，連聽到別人高聲說話都會胃痙攣。不過，對於這樣的家庭負擔，她沒有退縮：「我是長女，理解他的責任。」

一九七四年十一月，微冷的天氣彷彿預告喜慶的氣氛，兩個年輕人走進教會，訂下溫馨而神聖的人生誓約。

小倆口自己住在郊區的房子。每個月月底，夫妻倆領到薪水先交給莊爸爸，莊爸爸再分配零用錢給他們，直到莊宏達自己開業為止。

經濟有些拮据，卻不曾局限他們對未來的想像。

小生命很快就來報到。按照兩人的理想，莊宏達負責賺錢，吳素勤辭掉工作、自己帶孩子。新手父母的一天，經常忙亂卻充滿活力。

清晨起床，莊宏達先照顧小孩，吳素勤趕去市場買菜，快快挑好幾樣，立刻回家接手。然後，莊宏達到前面診所開門。

上午和晚上是門診的高峰，吳素勤除了照顧孩子，還要處理病歷、協助診察、包藥……。莊宏達經常外出，有時候吳素勤手裡忙著翻鍋炒菜，後面是哇哇亂叫的小孩，聽到門口有病人的詢問聲，她趕快關火、抱著孩子跑出去回答：「醫師不在，等一下再來。」

他們還挪出假日去義診。夫妻倆揹上簡易的醫藥箱，坐車前往海邊小村，就在宮廟前擺出診療站。不過，當時台灣經濟條件已經好轉，大部分人都有能力上醫院，來看診的多半是行動不便的老人家，拿些膝蓋痠痛的藥，因此義診沒多久就結束了。

幸好如此。因為他們很快就發現，轉眼間小孩已經到了好奇調皮的年紀。

有一天，吳素勤看到一歲的兒子跑進藥局，一次、兩次，她感到納悶卻無暇了解；第三次，她跟著進藥局，逮到孩子在偷吃退燒藥。原來，退燒藥甜甜的，被孩子當成糖果吃了。

吳素勤一個人帶四個孩子，剛開始也會詢問先生的意見。畢竟他是內兒科醫師，總該有深入的教養見解。

小孩不愛喝奶，吳素勤問他怎麼辦，莊宏達安慰說：「沒關係，喝水就好。」

小孩長大一點後不愛吃飯，莊宏達說：「誰規定一定要吃飯？」

小孩考試成績不好，莊宏達只會問他們：「你會了嗎？」會了就好，他絕對不罵不打。

莊宏達在教育孩子上順其自然，而且經常不在家，吳素勤只好自己看書摸索，一肩挑起育兒重擔。

曾經羞怯的少女，就這樣磨練成當家做主的強人。

其實，莊宏達有心分擔責任，瑪利亞成立後，他曾把老三帶在身邊，讓她和瑪利亞的孩子一起上課，以至於大家常開玩笑說：「她是瑪利亞畢業的。」即使如此，老三還記得，自己念中學時，爸爸曾經忙到忘記去接她，讓她在學校傻傻地等。

從莊小兒科照顧特殊兒童開始，到瑪利亞基金會剛成立那幾年，莊宏達要負擔兩邊的人力和財務，總是左支右絀。也是吳素勤的細心、耐性，為他填補遠大夢想所需要的各種資源。

復健教室裡人手不足，吳素勤就去煮飯給老師及孩子吃；老師請假，換她跟校車接送孩子；趕做月餅與鳳梨酥時，她抽空去幫忙；烘焙房缺人，她去代班包麵包。除了四處補位，吳素勤也補資金漏洞。

每一次，基金會和診所的經費不足時，莊宏達便問太太：「家裡有多少錢？」每一次，吳素勤只回答：「你要多少錢？」

莊宏達愧疚地說出一個數字，吳素勤就想盡辦法實現。先是從儲蓄裡擠出來，然後是賣掉媽媽給的金飾，後來則出售房子。

熟識的朋友感嘆又羨慕：「莊太太好像戲劇裡的仙女嬌妻，會變東西出來。」

之後經濟狀況稍微緩解，莊宏達想買回一些首飾給太太，卻被拒絕了。對吳素勤來說，首飾是身外之物，沒有了，並不感到遺憾，但是莊宏達難以釋懷。

「年輕時一直想做自己的事，好像家人不在我的生命之中，」莊宏達反省說，「年紀大了才發現，那時候不懂真正的生活，我應該把所有進入生命中的人與事，都恰到好處地照顧妥當。」

莊宏達照顧特殊兒童的不計付出，或許讓吳素勤感到壓力，但是她總以極大的同理心與相同的價值觀，陪莊宏達挑起重擔。她笑笑說：「他應該知道我會支持的。」

永遠支持，若有反對，絕對是因為一位妻子對先生的不捨。

除了開車加油、買書，莊宏達平常不太會為自己花錢。

一部車開了十幾年，從不嫌它老舊。

手機不小心掉到地上，螢幕龜裂，用膠帶黏起來繼續用。

「你可不可以只看診就好？」吳素勤不免這樣問先生，希望他回歸簡單的生活，不要過得這麼辛苦，但是她得到的回答，總是一抹歉意的微笑。她在心裡默默嘆息：既然如此，便好好照顧他吧。

莊宏達的頭髮長了，吳素勤拿起剪刀幫他修整，剪短、打薄、修鬢，纖纖素手練就了一手好功夫。莊宏達認為這是人生的至高享受，因為可以聽著喜歡的音樂，還有太太溫聲細語相伴。

莊宏達的皮夾總是隨意丟在床頭櫃上，吳素勤常常拿起來檢查，看看裡面還有多少錢，然後塞些鈔票進去。

夫妻倆不常上館子，更別說去吃千元大餐。吳素勤一貫安慰先生：「吃來吃去不過一頓飯。」

也許是被照顧妥貼或一向物欲簡單，採訪這天，莊宏達才恍然大悟似地告訴太太：「我發現我們過得很寒酸。」

吳素勤看了他一眼，回說：「你現在才知道。」

五十四歲那年，莊宏達決定再度當住院醫師。吳素勤堅決反對，但反對無效，生了幾天悶氣。事情真如她所擔心的發生了。

某個假日，莊宏達一起床就覺得意識模糊，好像蠟燭即將熄滅一般，心裡只朦朦朧朧記得，「我要一直說話，保持清醒。」

他不知道自己怎麼來到客廳，恍惚間看到小女兒，他拚命地想跟女兒說話。女兒還是念中學的年紀，嚇到了。

吳素勤驚覺情況有異，趕緊叫當語言治療師的弟弟和護理師朋友陪著送急診。車子一路疾駛，卻彷彿永遠不夠快，在倒退的街景中，昏迷的莊宏達仍然喃喃說著「去豐原」，吳素勤的心愈揪愈緊。

醫師判定是小中風。三天後，莊宏達的意識才逐漸清醒。

「感謝主讓他醒過來，否則我們的人生就要改寫了，」吳素勤終於鬆了一口氣。回憶起在醫院的焦慮情景，她只剩下又好氣又好笑的無奈，「他叫來瑪利亞各園區的園長，交代了很多事，就是沒有交代家務事，太不可思議了。」

無奈之後，吳素勤只能更仔細照顧先生的健康。

莊宏達的家族史上有糖尿病、高血壓，吳素勤拿出護理師的專業，為他準備五行便當，洋蔥、香菇、紅蘿蔔、小番茄、黑棗，青、黃、紅、白、黑。每天有不同的五行，滿滿的營養放在日式餐盒裡，整齊擺好，再用布巾打包保溫。

中午，莊宏達打開便當，露出繽紛的菜色，飯菜香和溫暖情意同時飄來，撫慰了每一個細胞的辛勞。

他感謝天主，然後對著便當說：「謝謝！」有了智慧型手機之後，他會LINE太太，告訴她：「我要午餐了，謝謝妳。」

莊宏達的祕書胡曉慧看到了，好奇地問他：為什麼要向莊太太「報告」？

胡曉慧記得，「莊醫師說，一定要的啊，要讓她知道我有感受到。」

一個便當傳遞的心意，讓胡曉慧很感動，也開始為先生準備便當。

其實每一次用餐前、每一次遞茶送衣後，莊宏達必定親口感謝妻子的辛苦。他知道，此時此刻，無論物質或時間，他能回饋太太的非常有限，頂多在她生日或結婚紀念日時送一束她喜歡的花，也因此更應該讓太太知道，她點點滴滴的付出與關愛，都被衷心珍惜。

花開葉落，歲月流轉，晃眼之間已來到中年，人生責任悄悄替換。

孩子長大了、事業穩定了，緊跟著而來的，便是照顧老去的父母。不管擺在眼前的是什麼擔子，吳素勤總是和先生同肩挑起。

公公退休後，吳素勤主動回彰化帶公婆到台中同住。

兩位老人家都有慢性病，當時慢性病藥物治療遠不如現在方便有效，吳素勤奔前走後，預備適合的飲食、提醒吃藥。

老人家在醫師兒子、護理師媳婦細心照顧下，頤養天年。生前，婆婆曾拉著吳素勤的手說：「我就是喜歡妳。」

小時候照顧莊宏達的姑母，隨先生移居美國，膝下無子。先生過世後，她一個人獨居，只要一進醫院，莊宏達就飛到美國照顧她。

莊宏達小時候，家裡生意非常忙碌，加上父母幾乎每兩年就生一個孩子，莊宏達大部分時間由姑母照顧。姑母每天早上帶他去爬八卦山、說故事給他聽、幫他看功課，幾乎等同半個母親。

姑母已經九十歲，莊宏達勸她回台灣生活，姑母始終不肯；後來因為跌倒，找不到合適的安養中心，她才答應。

「我把阿姑帶回來，麻煩妳幫我照顧，」莊宏達打越洋電話告訴太太。這一年，夫妻倆已經七十歲，黑髮裡閃現絲絲銀光。

姑姑行動不便，只能坐輪椅，盥洗都需要幫忙。「不是只有飲食問題，阿姑還會有各種需求，」吳素勤無奈，「但是我不能生氣啊，我不幫他照顧阿姑，他怎麼辦？」

莊宏達不喜歡麻煩人，即使媳婦想幫忙，他也擔心打亂晚輩的生活而婉謝。一開始，凡事都靠夫妻兩人親自照料。

白天，吳素勤過去照顧姑母；晚上，則由莊宏達陪伴。夜裡，他不敢上床，只坐在沙發上打盹，因為擔心一旦躺下來睡太沉，無法及時注意到姑母的動靜。吳素勤捨不得先生這樣，因此有些晚上也過去做伴。

兩週後，夫妻兩人都有了深深的黑眼圈。

廖奉全是莊宏達的教會代子，也跟著莊宏達學太極拳。一天早上，他發現向來求全的老師竟然打錯拳，一問之下才知道他們夫婦的難處。

他有照顧臥床母親的經驗，知道這是長期的負荷，於是趕緊幫他們找外傭，分擔照顧工作；又為他們裝了幾個照護監視器，莊宏達想知道姑母三餐吃什麼、晚上睡得如何，隨時都能掌握。

這樣的確輕鬆不少，不過，莊宏達下班後的第一件事，還是去看姑母、陪她說說話，吳素勤也是每天過去餵食姑母。

莊姑姑在最後三個月生命中，享受了子姪環繞的大壽生日、參與了台灣熱鬧的選舉投票。除夕前兩天，她在睡夢中安然去世。「有機會回饋姑母，對我來說是好事，沒什麼遺憾，」莊宏達疲憊的聲音裡，有報答恩情後的輕鬆。

夫妻近五十年生活中，難免爭執。氣極了，吳素勤不免脫口而出：「我那時候昏了頭，才跟你結婚。」

莊宏達笑著同意：「『婚』這個字，不就是一個女、一個昏？」

「他的修養很好，我們吵不起來。我生氣時他就跟我說，蒙娜麗莎發飆了，」吳素勤哭笑不得。

「我知道惹她生氣了，大多數時候會跟她道歉，」莊宏達解釋，「太太只有家裡這個世界，沒有機會發洩情緒，先生在外面有另一個天地，應該多體諒太太。」

莊宏達卸下基金會執行長的職務之後，吳素勤也有時間走出家庭，兩人有更多機會一起去外地旅行、去山上看花。這是吳素勤一向喜歡的。

每週兩次到霧峰看診，則是這對銀髮夫妻不變的約會。

如果是莊宏達自己開車，這時候，坐在副駕駛座的吳素勤，會娓娓分享自己最近讀的書。平時忙碌到心靈裝不下其他事物的莊宏達，一邊轉動方向盤，一邊聽著小故事或者新知識，再看一眼青翠的山景，立即感到生活豐潤起來。

有一陣子，他們改成搭公車上山。車子班次不多，趁著等候的時間，兩人去逛附近的小市集或坐在超商前看報，偷得片刻悠閒，然後坐上公車，晃蕩的兩個小時中，有時候聊上幾句，有時候指指窗外風景讓對方看，轉眼就到站了。

人生或許也是如此。任憑粗食簡居，只要那一人相伴，歲月便有滋有味。

＊慈惠護理助產職業學校於二〇〇〇年改制為慈惠醫護管理專科學校。

16

存在就是奇蹟

二〇一八年，瑪利亞公關主任陳麗娟打算為莊宏達申請「堉璘台灣奉獻獎」。這個獎創始於二〇一七年，每年只選出一位得主，不分組織或個人，獎金高達三千萬元，而得主也是眾望所歸，可說是台灣最吸引社福界的獎項之一。

陳麗娟左思右想：瑪利亞有許多專案贏得全國焦點，但是莊宏達的精神大過這個機構，他的理念、行為讓同仁信服並願意追隨，是瑪利亞能否永續並且擴展的關鍵。她有信心，自家董事長可以得獎。

陳麗娟準備好所需資料，然後到莊宏達辦公室向他報告。但是，這位主角雲淡風輕地回答：「等我對台灣更有貢獻時再報名。」

陳麗娟一聽，心裡急得想跳腳。

只剩兩天就要截止報名，無法慢慢勸服這位向來意志堅定的老先生，她腦筋一轉：「莊醫師，我們要蓋極重多障服務大樓還缺七千萬元。這個獎金有三千萬元……」

瑪利亞啟智學園因為空間局限，無法安放足夠的輔助器材及活動區域，團隊於是計劃興建「極重多障服務大樓」，總金額估計兩億四千萬元。

二〇一三年，全聯福利中心開始在全台店面放置零錢箱，民眾捐一元，全聯相對捐一元。陳麗娟說，全聯董事長林敏雄非常支持瑪利亞，記者會當天，還特別招待啟智學園師生共進午餐。

全聯這筆金額高達一千六百多萬元，為極重多障服務大樓奠立第一塊基石，但龐大的募款規模，仍然是每個人心中沉甸甸的壓力。

果然，陳麗娟話才說完，莊宏達濃眉一抬，立刻改口：「如果是為瑪利亞，妳去報。」

這一年，莊宏達獲得堉璘台灣奉獻獎，三千萬元獎金順利挹注到瑪利亞基金會，是極重多障服務大樓募款多年來最大的一筆款項。

「我不過是芸芸眾生裡的一個人，只是有太多貴人、恩典，讓我看起來成就了什麼，其實我的因素相當有限，那些成就，是很多條件幫忙而成的，有時候，我只是掛一個名字。因為掛了名字，就好像什麼都和我有關，實際上不盡然，」莊宏達哈哈笑，再一次強調：「不盡然。」

瑪利亞成為台灣照顧特殊孩童的典範，莊宏達認為，是一點一滴匯聚而來的。基金會早期，有家長幫忙募款、找地、處理雜務，現在基金會建立各種專業團隊，也是靠社會資源支持。

莊宏達說，以前他開業時，租一間診所，聘兩、三個護理師，加上購買藥品，每個月大概十幾萬元開銷，營業所得扣掉這些，除了養活家人，沒有多少剩餘。現在，瑪利亞每個月僅人事費用就要上千萬元，完全超乎他所能想像與企及的境地。

「現在的狀況已經不是我能做什麼，而是整個社會資源支持上來。我的身分只能說是，曾經身歷其境，有機會敘述這趟歷程的旁觀者，」莊宏達說。

站在旅程的這端，回望來時路，莊宏達即使心情有所起伏，卻也很少談及困難與挫折。

台中教區主教蘇耀文理解地說：「他相信這份使命不是只靠他完成，他深信天主與聖母都在幫助他。」

蘇耀文從一九八九年就擔任台中教區神父，二〇〇七年被教宗本篤十六世任命為台中教區主教。每年，莊宏達會去拜訪他兩次，向他報告瑪利亞的經營狀況。

《聖經》裡的〈創世紀二十二章〉記述了以色列人始祖亞巴郎從命獻子的故事。有一天，天主試探亞巴郎說：「帶你心愛的獨生子依撒格往摩黎雅地方去，在我所要指給你的一座山上，將他獻為全燔祭。」

亞巴郎次日清早起來，劈好全燔祭用的木柴，備好驢，帶了僕人和兒子依撒格，就往天主指示的地方去了。

第三天，亞巴郎舉目遠遠看見了那個地方，就讓僕人在原地等候。他將木柴放在依撒格的肩上，自己拿著刀和火，兩人繼續前行。

路上，依撒格問父親：「看，這裡有火、有柴，但是哪裡有做全燔祭的羔羊？」亞巴郎回答：「我兒！天主自會照料做全燔祭的羔羊。」

到了地方，亞巴郎便築了祭壇、擺好木柴，捆了兒子放在上面。

他伸手舉刀，正要宰獻兒子時，上主的使者從天上對他喊說：「不可在這孩子身上下手，不要傷害他！我現在知道你實在敬畏天主，因為你為了我竟連你的獨生子也不顧惜。」

亞巴郎舉目一望，看見一隻公綿羊，兩角纏在灌木中，於是牽了那隻公綿羊，代替自己的兒子，獻為全燔祭。

亞巴郎給那個地方取名「上主自會照料」。

如果說，瑪利亞是莊宏達的生命祭壇，那獻在熊熊柴火上的燔祭，就是他自己。天主為亞巴郎預備了公羊，當莊宏達回首所來之徑，發現天主為他一路預備了滿滿的恩典。他稱為「瑪利亞的十個奇蹟」。

從莊宏達踏出第一步開始，奇蹟就隨之而生。

瑪利亞剛成立時，隨著園生增加，需要不少空間，很巧的是，都能租到緊鄰的房舍，讓老師免去奔波辛苦。前五年，每到年終，基金會存款就見底，莊宏達常苦惱明年的錢從哪裡來，可是每一年，總會有意外的捐款進來，讓基金會得以繼續運作。這兩個奇蹟，陪他走過篳路藍縷。

從一九九二年開始，瑪利亞為了成立霧峰家園，更是歷經許多不可思議。

在他眼中，林慶堂和鍾雲如的到來，為瑪利亞建立全國性知名度，募款規格從百萬元提升到千萬元，這是第三奇蹟；一席十萬元的募款餐會，碰上總統大選，獲得跨黨派大力支持，一晚就募到千萬元，是第四奇蹟。

霧峰家園興建進度延宕，避開了九二一大地震，免於屋毀人亡的大悲劇，因為家園接納的多是重度障礙的孩子，他們行動不便，更何況緊急逃生？這是讓他終生慶幸的第五奇蹟；第六奇蹟則是，地震後營建成本大幅上漲，瑪利亞再度出現兩千萬元的資金缺口，又得到7-ELEVEN零錢箱的機會，解決了難題。

瑪利亞師生眾多，需要極大空間才能安頓，沒有足夠資金的他們，始終租賃在他人的土地上。不過，在這漂泊遊移的過程中，莊宏達也看見天主的豐盛預備。

一九九六年，瑪利亞仍忙於霧峰家園募款，賴以起家的五權七街啟智學園，房東突然要賣屋子。消息傳出三個月後，就有家長免費出借大片土地，讓兩百五十個學生、老師得以居留，瑪利亞也有多年時間聚養生息。

莊宏達回憶：「扣掉前後建造、遷移的時間，大約有八年不必付房租，基金會可以慢慢累積資金。」

野花也有扎根之地讓它歡快綻放，何況是上主視為珍貴的人？

這是第七奇蹟，而第八奇蹟也和立足之地有關。

在借用的土地上經營八年後，眼看期限將至，莊宏達開始憂心接下來何去何從。比起當年，瑪利亞的規模又增長不少，需要的空間更大，恐怕只能找廢棄的幼稚園或小學。

當台中市政府釋出「愛心家園」招標的消息，莊宏達立刻前往察看。

愛心家園位於八期重劃區的東興路上，道路規劃整齊。一下車，立刻進入眼簾的就是「豐富公園」，青翠的小葉欖仁、滿樹金黃花朵的風鈴木，還有小山坡和水池；逛到西邊，則是流水潺潺的麻園頭溪，環境優美寧靜。

建物有四個樓層，使用建坪多達五千四百坪，採光、通風良好，並設置了完善的無障礙軟硬體設施及停車場。

莊宏達看了很滿意，不僅空間足夠孩子活動，進出的家長、同仁，在這個環境中也能心情愉悅。

這裡原本由台中一所醫學大學承租，因為使用目的不符無法進駐，偌大空間閒置了三、四年，如今將進行第二屆招標。

經過評選，瑪利亞如願獲得經營管理權，於二〇〇二年九月正式啟用到如今。在這裡，莊宏達陸續開辦了十項服務，含括就醫、就養、就學、就業，是東南亞最大的身心障礙福利服務中心，到二〇二一年為止，已經服務六千人以上。

不過，這樣大舉擴張，營運了兩、三年，莊宏達開始感到焦頭爛額：「我要看門診，要管霧峰家園、啟智學園，加上這麼大的愛心家園，精力與經驗都有些吃力。」

他聘請專業的管理顧問公司來協助，卻讓員工失去信任。

他曾想將基金會交給台中教區管理，但是主教顧慮這是一門專業，婉拒了。

他只能持續向天主求救，「可不可以幫我找到適合的人來當執行長？」

兩年後，陳美鈴加入瑪利亞，擔任執行長。

陳美鈴的理念和莊宏達一致，個性卻南轅北轍。有一次陳美鈴去拜訪市長，尋求協助，這位市長其實很支持瑪利亞，但各地行政風格有些落差，台中的回應速度遠不如台北，陳美鈴當場力爭，讓一向溫和的莊宏達大為吃驚。

不過，經過半年互相熟悉後，莊宏達就發現，陳美鈴負責、有使命感，而且有一種「不留情面的公正」，正好和他互補，「我們有時候需要堅持一個好的大原則，卻因為心軟而變調，我覺得她能掌握好的原則。」

陳美鈴大刀闊斧改革瑪利亞基金會，莊宏達看在眼裡，開心地如數家珍。

首先是制度化，建立員工培訓制度、領導階層、統一內部標準。莊宏達肯定：「我沒有她的大魄力。」

然後，規劃募款方針與策略，大量開發小額長期捐款，三、四年之後，瑪利亞的募款規模更加穩定成長。

另外是國際化。瑪利亞要開辦寶寶班，陳美鈴帶同事到美國觀摩；要擴建極重多障大樓，她率團去德國、日本參訪；陳美鈴也輸出瑪利亞的專業，為國外機構做人才培訓。莊宏達稱讚：「她的視野比我高多了。」

瑪利亞在陳美鈴手中提升了一個層次，莊宏達非常欣慰，「她就是我祈禱的答案，她就是我在找的人。」

現任執行長陳美鈴，就是瑪利亞的第九奇蹟。

而莊宏達眼中的最大奇蹟，也是第十奇蹟，則是霧峰家園聖母像的到來。

在霧峰家園美麗的中庭裡，綠草如茵，四周花木扶疏，西側預留了水泥基座，計劃安放聖母像，卻一直閒置著。

當初莊宏達配合中庭面積所設計的基座，大到有些不符現實。

五權園區有一尊大理石聖母像，原本打算放到這裡，此時看起來太小，會埋沒於繁花綠葉之中。台中教區主教王愈榮從西班牙訂製一尊木雕聖母像，要送給霧峰家園，也陷入同樣境地。

莊宏達四處到教會看，都沒有找到合適的。就這樣尋尋覓覓，一、兩年過去了。

莊太太固定在昌平市場買菜，每天出家門就是向右轉，有一天她突然想去遠一點的水湳市場，於是騎上機車向左轉。路上經過一家二手車車行，她隱約看到那裡好像放了一座聖母像。

她打電話告訴莊宏達這個發現。

莊宏達一邊聽著電話一邊猜想，會不會是觀音像？那附近沒有教堂，倒是有一座觀音廟。兩人約好下班後一起去看。

那是一個二手車販賣場，裡面停了四、五輛舊車。

黃昏了，最後一抹夕陽餘暉照在車場，寂靜而溫柔。角落裡立著一尊像，全身素白，手掛著有十字架的念珠。看了一眼，莊宏達就知道，無論大小或形象，這正是他苦苦尋找的聖母像。

彭暖聖母又被稱為「貧弱者聖母」，帶給世人慰藉，與瑪利亞基金會的使命不謀而合。

車行似乎不是每天開張營業，門上掛著老闆的聯繫電話。莊宏達立刻打給老闆蔡先生，說明自己買聖母像的意願，並且詢問售價。

蔡先生反問他，要聖母像做什麼？

莊宏達解釋了自己在做的事。

沒想到，蔡先生聽了豪爽地表示，你需要就載走，不要錢。

莊宏達驚喜地連連道謝，隔天就將聖母像運送到霧峰家園。高達七尺的聖母瑪利亞放上基座，一切剛好，彷彿她原本就在這裡，家園也增添了一份安定感。

忙完這一切，莊宏達猛然想起，他一直沒問蔡先生為什麼有這座聖母像。

中秋節前夕，莊宏達請同仁帶著瑪利亞月餅去向蔡先生致謝，並且詢問他聖母像的來歷。

聖母像到車行的過程，簡單卻奇妙。

有一天老闆在顧店，一輛拖車緩緩路過，車上載著聖母像。

老闆不是天主教徒，但是聖母像的美好讓他突然動念想留下。他問車主，不要聖母像了嗎？

車主告訴他，這是一家書局的，因為歇業關門要處理掉。

老闆說，你不要就給我。

聖母像就這樣留了下來。幾天後，被莊宏達發現。

知道聖母像的來歷後，莊宏達心裡還有一個疑問。這座聖母像，垂首闔眼，臉上浮現淡淡笑容，全身素潔白衣，並非教會裡常見。究竟是哪個聖母像？

聖母在不同地方顯現，有不同姿態與神情。

「露德聖母」腰繫藍色巾帶，是一八五八年在法國盧爾德附近，為了治病而顯靈的形象；露德聖母顯靈附近湧出泉水，她讓有病的人都可以到那裡治病。

第一次世界大戰期間，在葡萄牙小鎮法蒂瑪顯現的「法蒂瑪聖母」，則是全身長白大氅，胸前顯露愛人的聖心，她要大家詠誦《玫瑰經》以帶來世界和平。

半年後，當莊宏達得知答案時，幾乎無法置信。

一位修女朋友從歐洲朝聖回來，送給莊宏達紀念品，其中有一根蠟燭。他一看，上面的聖母像竟然就是霧峰家園的聖母像。

莊宏達循著上面的資料查詢，發現這座聖母像是「彭暖聖母」（Our Lady of Banneux）。一九三三年，聖母幾次在比利時小村莊彭暖向小女孩顯現，她說，貧困衰弱將會過去，我會為你們祈求，你們也要彼此禱告。彭暖聖母因此被稱為「貧弱者聖母」（The Lady of The Poor）。

貧弱者聖母帶給世人的慰藉，不正是瑪利亞的工作？

莊宏達因為信仰的使命感而成立瑪利亞，也將瑪利亞交託給神，他總是想：「神願意讓我做，有足夠的資源，就繼續做；如果不夠，就代表神說可以了，你不需要做了，就收起來。」

三十幾年來，瑪利亞不斷茁壯，但是無論他的意志如何堅定，受挫、被指責時，也難免有一絲自我懷疑浮上心頭：這真的是神要我做的事？我有沒有做錯？

貧弱者聖母到來，給了莊宏達一個全然而有力的肯定。

「這件事安排得這麼恰到好處，從我的信仰角度來說，幾十年來做的事，有一個從聖母來的記號，好像上主對我們說，是的，做得不錯，」莊宏達終於釋懷。

在綠蔭和白色聖母像之間，經常看到莊宏達漫步而來，或佇立凝望，或默默對祂說話，然後帶著祥和的微笑離開。

十個奇蹟，扶持瑪利亞基金會走過三十多年的山高水險，也見證了莊宏達半生的苦心與奉獻。

二〇一六年，台灣天主教有一件盛事。「耶路撒冷聖墓騎士團」總團長、樞機主教歐布萊恩（Edwin Card. O'Brien）訪問台灣，主持台灣分團新騎士冊封典禮及彌撒。

聖墓騎士團起源於中世紀，十字軍東征搶回天主教聖地耶路撒冷後，從十字軍部隊中選拔武裝騎士，以保衛聖墓教堂與聖地的安全。其中一支，便是耶路撒冷聖墓騎士團。

傳承到如今上千年，聖墓騎士團在全球擁有六十四個分團，台灣分團和菲律賓分

因為長期對弱勢孩童的奉獻，二〇一六年九月，莊宏達受封為耶路撒冷聖墓騎士團騎士。

團並稱亞洲區唯二。

在台灣，聖墓騎士不到一百位，全球也只有兩萬人。因為要成為聖墓騎士，關卡層層，除了要對教會及社會有卓越貢獻，還要有騎士舉薦，經本堂神父推薦給教區主教及騎士分團監督，再送到羅馬總團部合議通過，才能擁有資格。

台灣聖墓騎士中，比較為人所知的是前副總統陳建仁，他在SARS期間協助控制疫情，貢獻良多。

莊宏達是台中教區推薦的聖墓騎士。主教蘇耀文說，耶穌為愛而降生，祂告訴世人「你們對我最小兄弟中一個所做的，就是為我做」，莊宏達運用天主所賜的才能，照顧瑪利亞的弱小弟兄姊妹，「耶穌的生命在他身上延續，他不只是信仰者，更是一位行道者。」

九月十一日，台北聖家堂。恢弘明亮的聖堂內，響起肅穆的聖樂。

聖職人員緩緩入內，候選男女聖墓騎士隨後進堂。歐布萊恩授予男騎士披風與騎士十字勳章，勉勵所有聖墓騎士完成為耶穌的聖地和子民服務的承諾，然後一一唱名上台，以禮劍點肩，行冊封禮。

儀式之後，所有新任聖墓騎士一起前往以色列，進行朝聖之旅。

二十三天的旅程，沒有燈光與聖樂陪襯，只有風塵僕僕。他們穿上騎士服，拜訪耶穌降生的伯利恆小城、成長的納匝肋山村，來到他受浸禮的約旦河畔，在加利利湖畔懷想耶穌施展「五餅二魚」神蹟及萬人聽道的盛況，然後在耶路撒冷走上耶穌的十字架苦路。

最後進入聖墓，莊宏達看到當時置放耶穌屍體的石板。大片黃石板上布滿淡紅色花紋，彷彿千年歲月留下的天然痕跡。

但他知道，那不是歲月痕跡，是熾熱鮮血浸漬的印痕。那血痕留到如今，穿越時空，提醒追隨他的人，什麼是真正的愛、真正的榮光。

這一刻，那片用熱血熾愛畫下的生命花痕，在莊宏達心裡復活。

如果說，人生就是一趟朝聖之旅，每個人在各自的嚮往中追尋至高殿堂，期望在那裡遇見屬於自己的榮光之神，那麼，莊宏達的殿堂，不在遠方。

在瑪利亞經歷的奇蹟中、在特殊孩童的笑容裡，在每一個熱烈去愛而留下的傷痕中，莊宏達和上主已經真實相會。

採訪結束，大家在十字路口道別。綠燈亮了，莊宏達穿越馬路，熟絡地往公車站走去。正是下班時刻，人潮湧現，單薄的身影瞬間沒入其中。

這是芸芸眾生中的一位醫師，他的故事見證一個奇蹟：即使只是芸芸眾生中的一人，也能因為捨出自己，而活出超越個人的影響力，讓愛如春天的百花，在人間年年綻放。

猶如那些在蒼茫歷史中含笑的先輩，他或許無名，卻滿足。

感謝每一位

成就這段生命練習的芸芸眾生

社會人文 BGB522

每一天都是愛的練習
莊宏達和瑪利亞基金會的生命實踐

作者 — 李嘉人

企劃出版部總編輯 — 李桂芬
主編 — 羅玳珊
責任編輯 — 李美貞（特約）
美術設計 — 張議文、劉雅文（特約）
圖片提供 — 瑪利亞社會福利基金會

出版者 — 遠見天下文化出版股份有限公司
創辦人 — 高希均、王力行
遠見・天下文化 事業群董事長 — 高希均
事業群發行人／CEO — 王力行
天下文化社長 — 林天來
天下文化總經理 — 林芳燕
國際事務開發部兼版權中心總監 — 潘欣
法律顧問 — 理律法律事務所陳長文律師
著作權顧問 — 魏啟翔律師
社址 — 台北市 104 松江路 93 巷 1 號
讀者服務專線 —（02）2662-0012 ｜傳真 —（02）2662-0007；2662-0009
電子郵件信箱 — cwpc@cwgv.com.tw
直接郵撥帳號 — 1326703-6 號 遠見天下文化出版股份有限公司

電腦排版 — 立全電腦印前排版有限公司
製版廠 — 中原造像股份有限公司
印刷廠 — 中原造像股份有限公司
裝訂廠 — 中原造像股份有限公司
登記證 — 局版台業字第 2517 號
總經銷 — 大和書報圖書股份有限公司｜電話 — (02)8990-2588
出版日期 — 2022 年 1 月 10 日第一版第一次印行

定 價 — NT420 元
ISBN — 978-986-525- 431-5 ｜ EISBN — 9789865254377（EPUB）；9789865254346（PDF）
書 號 — BGB522
天下文化官網 — bookzone.cwgv.com.tw

國家圖書館出版品預行編目(CIP)資料

每一天都是愛的練習：莊宏達和瑪利亞基金會的生命實踐/李嘉人著. -- 第一版. -- 臺北市：遠見天下文化出版股份有限公司, 2022.01
面； 公分. -- (社會人文；BGB522)

ISBN 978-986-525-431-5(平裝)

1.莊宏達 2.瑪利亞社會福利基金會 3.臺灣傳記
4.身心障礙機構

783.3886 110021826

天下文化

BELIEVE IN READING